천강에 비친 달

천강에 비친 달

성운대사 지음 · 조은자 옮김

운주사

서문 생명의 본원本源을 깨닫다

현대 사회의 적극적인 경쟁은 자연스럽게 번영과 발전을 가져오게 되었다. 하지만 지나친 속도 경쟁과 급박한 사회생활로 인해 개개인의 마음속에 초조함과 근심이 지나치게 쌓였으며, 해결할 방법이 없는 지경에 이르렀다. 물질문명이 고도로 발달한 시대에 참 아이러니한 일이다. 불교에서 말하는 소위 '선禪'이란 '직지인심명심견성(直指人心見性成佛; 자기의 본성을 밝게 볼 때 본래의 면목이 나타나 마음밖에 부처가 없고 자기 마음이 곧 부처임을 아는 것)'이며 시대의 병폐를 근본적으로 다스리는 양약良藥이라 하겠다.

불법佛法이 널리 퍼짐에 따라 사람들은 선의 정신에도 깊은 흥미를 느끼게 되었다. 수행자는 깨달음을 주기 위한 선사의 회초리, 한 차례의 일갈, 게송 한 구절을 통해서 문득 깨치거나, 마음에 막혔던 의문을 풀곤 했다. 핵심적인 문제를 먼저 깨우치면 나머지는 잇따라 풀리는 것처럼 이해하지 못한 문제나 심경을 풀어나간 것이다. '선'은 깊은 산속 계곡의 맑은 샘물처럼 의식하지 못하는 사이 사람 마음 깊은 곳으로 흘러들어가 얼기설기 얽힌 분별하는 생각을 씻어버리고, 망상에 집착하는 완고한 속박에서 벗어나게 하여 생명에게 청량한 자유로움을 불어넣어준다. 그러므로 선문禪門의 공안公案이나 어록, 그리고 선시가 세계 각지로 널리 전파되어 갈 수 있었고, 오랫동안 닫혀 있던 온 인류의 마음을 촉촉이 적셔줌은 물론 무한하고 드넓은 문화적 수양을 펼쳐보였다.

삼장三藏 십이부十二部의 경전을 펼쳐보면 선종禪宗의 문헌이 그 무엇과도 비교가 안 될 만큼 방대하다는 것을 알 수 있고, 다른 어느 종파에도 뒤지지 않는다는 것을 알 수 있다. 그 원인은 선의 본질인 직지인심과 자재로우며 생동감 있는 근원으로 인해 일상생활에 널리 퍼질 수 있었고 사회 각계각층에 깊이 파고들 수 있었기 때문이다. 당시 사람들이 자신의 즐거운 바를 기록으로 남겨 전파하였기에 한 마디 한 마디가 깊이 성찰하게 만드는 공안, 어록, 선시가 만들어졌다.

이것이 후세에 널리 퍼진 후, 시공간의 간극, 혹은 개인의 역량 부족으로 초학자들은 종종 심오한 이치를 들여다보려고 해도 어디서부터 손을 대야 할지 모르는 경우가 있다.

이러한 안타까움을 해소코자, 불광산TV홍법위원회는 TTV(臺灣電視公司)에서 "성운선화星雲禪話"라는 프로그램을 개설토록 추진하여 이루어졌다. 내가 강의를 맡고, 후에 책으로 편집하여 많은 청중과 독자들의 반향을 불러일으켰다. 이로써 불교의 사상으로 정신적인 갈증을 해소하려는 사회 대중이 얼마나 많았는지 알 수 있었다. 계속된 부탁을 거절하기 어려웠던 나는 1989년 1월부터 또 다시 "하루 한 게송"이란 짧은 프로그램 하나를 맡아 2년여에 걸쳐 강연을 하였다. 그리고 대중의 요구에 맞추어 모든 내용을 문자로 정리

하였으며, 곰곰이 되씹으며 참고할 수 있도록 책으로 엮어냈다.

　세월이 오래 된 연유로 일부 게송의 작자를 알 수가 없어 안타까움이 매우 크다. 다행히 불교의 게송은 광명과 자성을 밝히는 데 주안점을 두고 있으므로 작자를 모르더라도 깊이 깨닫고 이해하는 데는 별 무리가 없을 것이다.

　불광산에서 은퇴한 뒤에도 나는 잠시도 쉬지 않고 운유雲遊하며 홍법을 펼쳐왔다. 불광산시청각센터의 기록을 받아 원고를 완성하고 수정에 수정을 거듭하였다. 행각하는 도중에 다급히 완성을 하다 보니 완벽하지 못한 곳이 있을 것이다. 독자 여러분의 아낌없는 가르침을 바라는 바이다. 더욱이 문자반야를 통해 생명의 원류를 깨닫고, 바쁜 와중에도 늘 즐겁고 자재로운 선심禪心을 지니기를 기대한다.

　이로써 서문을 대신한다.

성운星雲

차례

서문 5
게송 해설 11
게송 찾아보기 312
옮긴이의 말 317

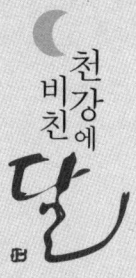

게송 해설

한 나무에 봄바람 두 줄기가 들어,
남쪽 가지 따뜻하고 북쪽 가지 춥다네.
서쪽에서 온 뜻이 여기에 있거늘,
서쪽과 동쪽을 가를 것이 무에 있나.

一樹春風有兩般 南枝向暖北枝寒
現前一段西來意 一片西飛一片東

천강에 비친

부처님의 법신 법계에 충만하며,
모든 중생 앞에 늘 나투시네.
인연 따라 두루 보살펴 주시며,
항상 이 보리좌에 앉아계시네.

佛身充滿於法界 普現一切群生前
隨緣赴感靡不周 而常處此菩提座

_『화엄경華嚴經』

불신 충만어 법계佛身充滿於法界 보현일체 군생전普現一切群生前
우리가 늘 예불을 드리고 경배해 마지않는 부처님은 어디에 계실까?
　보통 사람들은 이 문제를 쉬이 이해하지 못할 것이다. 부처님은 부처님의 세상과 부처님의 정토淨土를 가지고 있다. 하지만 우리 앞에도 늘 나투시기에 '부처님의 법신은 온 세상에 충만하다'고 하지 않던가. 진리가 곧 부처님의 법신인 것이다. 경전에서도 '바른 진리는 부처님의 신체이며, 맑은 지혜는 부처님의 생명이다〔正法以爲身

淨慧以爲命)'라고 하였다.

청정한 지혜인 반야가 곧 부처님의 혜명慧命인 것이다.

여러분이 이 이치를 깨우쳤다면, 세상의 작은 풀 한 포기, 작은 돌 멩이 하나도 부처님의 법신이 현신한 것이며, '모든 중생 앞에 항상 나투신다'는 것을 알 것이다. '보살의 청량한 달은 어디서나 늘 비추니라. 중생의 마음이 티끌 없이 맑으면 보리의 달이 나타난다네〔菩薩淸凉月 常遊畢竟空 衆生心垢淨 菩提月現前〕'라는 『화엄경華嚴經』 속의 글귀처럼 모든 부처님의 법신은 밤하늘의 밝은 달처럼 '공空'의 진리를 밝게 비출 것이며, 중생의 마음속 밭과 인성의 바닷속 물이 맑으면 보리菩提의 달빛이 더욱 밝게 나타날 것이다.

수연 부감미 부주隨緣赴感靡不周 이상처 차 보리좌而常處此菩提座
사람들은 관세음보살이나 아미타불을 염송할 때 "이렇게 해주세요, 저렇게 해주세요!" 또는 "이걸 원합니다, 저걸 원합니다!" 하면서 기도한다.

관세음보살과 아미타불은 중생이 원하는 대로 응답을 주시지만 염송하는 사람이 많으면 일일이 다 응답하기 힘들지 않으실까?

꼭 그렇지는 않다. '천 개의 강에 천 개의 달 비추고, 만 리에 구름 없으니 만 리가 하늘이다〔千江有水千江月 萬里無雲萬里天〕'라고 하였다. 모든 불보살佛菩薩은 하늘의 밝은 달과 같이 강, 시내, 계곡, 우물, 심지어 세숫대야나 찻잔 등 물이 있는 곳이라면 어디든 밝은 달을 비추신다. 그러면 여러분은 이렇게 물을 것이다.

"그런데 왜 불보살을 눈으로 볼 수 없는 건가요?"

그것은 마음속 번뇌가 너무 많고 마음속 물이 너무 혼탁하며 맑지 못하기 때문이다. 번뇌의 먹구름을 걷어내 버린다면 만 리 내에 구름 한 점 없이 맑고 깨끗해지며 마침내 부처님의 법신이 나타날 것이다.

그러므로 부처님을 또 다른 명호名號인 여래如來라 부르는 것은 곧 여여부동(如如不動; 상주불변常住不變; 절대적 진리가 조금도 변화함이 없는 모습)하게 우리에게 온다는 것이며, 법신은 변함없이 고요하게 세상에 나투신다는 뜻이다.

'항상 이 보리좌에 앉아계시네'라는 구절은 세상에 머무는 것이 아니라 언제나 보리좌에 앉아 계신다는 뜻이다. 그렇기에 부처님은 금강보리좌에 앉아 움직이지 않아도 인연 따라 두루 보살펴 주시며 인간 세상에 머물러 계신다.

천강에 비친

사람 몸 받아 세상에 오기 어렵고,
부처님 법 알기 더욱 어렵네.
이생에서 이 몸 건지지 못하면,
어느 생에 다시 이 몸 건지리오.

人身難得今已得 佛法難聞今已聞
此身不向今生度 更待何生度此身

_고덕古德

'사람으로 태어나기 어렵고, 부처님 법 듣기 어렵고, 나라에 태어나기 어렵고, 좋은 인연 만나기 어렵다〔人身難得 佛法難聞 中國難生 善友難遇〕'라는 말이 있다. 진정 얻기 어려운 것을 얻게 된다면 무척 소중하게 여기고 아껴야 함은 너무나 당연하다.

『아함경阿含經』에는 바다거북의 비유를 들어 사람 몸 얻기 힘듦을 가르치는 구절이 있다. 눈 먼 거북이가 망망대해를 표류하다 겨우 의지할만한 나무판자 하나를 얻는 것만큼 어려우며, 나무판자에 구멍이 있에 눈먼 거북이의 목이 그 구멍 사이로 들어가기는 사실 거의 어렵고도 어려운 일이다. 그만큼 '사람으로 태어나기 어렵다'라고 한 것이다.

경전에는 또한 '사람으로 태어나는 자는 손톱 위의 흙같이 적고, 사람으로 태어나지 못하는 자는 대지의 흙같이 많다〔得人身如爪上泥 失人身如大地土〕'라고 비유한다. 사람으로 태어나기는 어렵고, 생명은 꺼지기 쉽다. 이 귀한 사람의 몸을 얻었는데, 어찌 소중히 아끼지 않고 잘 유지시켜 나가지 않을 수 있겠는가!

'부처님의 법음은 듣기 어렵다〔佛法難聞〕'라고 하여 부처님의 법음을 듣는 것 역시 쉽지 않음을 나타낸다. 사찰을 찾아 예불을 드리고 부처님의 진리를 듣고자 하는 사람은 많으나, 마음과 실천을 병행할 수 있는 사람은 적다. 또한 부처님의 진리를 설법할 수 있는 사람은 많으나 유효적절하고 시대에 맞게 예를 들어 설법하는 이는 드물다. 때로는 진리를 설법하는 자의 관념이 올바르지 못해 무턱대고 이끌다가 신도를 사악한 길로 들어서게 하는 경우가 종종 있다. 또는 경전을 설하는 자의 지나친 집착으로 인해 설법을 듣는 사람에게 미혹이 생겨 진정한 부처님의 진리를 느끼지 못할 수도 있다. 부처님의 진리를 들어보라고 권유하면 시간이 없다며 미루는 이들이 있다. 인연이 도래하지 않았음이니 이것만으로도 부처님의 진리가 얼마나 듣기 어려운지 알 수 있다.

'나라에 태어나기 어렵다〔中國難生〕'라는 말 가운데 중국中國이란 정치, 경제, 문화 등 모든 면에서 상당히 발전된 나라를 가리키며, 그와 반대로 전쟁이 끊이지 않고 낙후된 경제와 문화 수준이 아직 낮은 국가를 변국邊國이라 한다. 중동의 국가처럼 전쟁이 끊이지 않아 난민이 끊임없이 속출하고, 아프리카 역시 종족 간 충돌로 굶어죽는 사람이 끊이지 않아 국민의 생활이 무척 고달픈 것을 보면, 모두가 부강하고 안락한 나라에 태어날 복을 가지는 것은 아니다. 인간 세상에 태어나 평안하고 풍족한 생활을 누리며, 훌륭한 교육을 받을 수 있다는 것은 결코 쉽지 않은 일이다.

경전에는 인간이 천상계에 있는 사람보다 수승殊勝한 세 가지가 있다고 한다. 첫째는 기억記憶이요, 둘째는 범행(梵行; 청정한 수행)이며, 셋째는 근용勤勇이다. 그러기에 사람으로 태어났으면 열심히 수행하여야 한다.

천상계의 사람이라 하여도 복을 누릴 줄만 알고 수행할 줄 모른다면 복을 다 누렸을 때 나락으로 떨어질 수 있다. 이미 사람의 몸을 얻은 우리가 이 기회에 수행정진하지 않고, 이 생애 동안 업장 소멸하여 해탈하고자 노력하지 않는다면 장차 어느 곳에서 이 몸으로 다시 태어날 수 있겠는가! 사람이 천상계에 머무느냐, 악도惡道의 구렁텅이로 떨어지느냐 하는 관건은 어떻게 하면 악취(惡趣; 악업으로 인해 태어나는 고통의 세계)에 떨어지지 않고 위로 오르느냐 하는 것이니, 이는 진실로 생사가 달린 중요한 일이라 하겠다.

천강에 비친

부처님 계실 적에 질곡을 헤매다가
부처님 열반 후 나 세상에 태어났네.
이 몸의 업장이 많아
여래의 법신을 뵐 수 없음을 참회하노라.

佛在世時我沉淪 佛滅度后我出生
懺悔此身多業障 不見如來金色身
　_고덕古德

이 게송은 한 수행자가 예불을 드리며 자성自省의 순간, 심정을 읊은 것이다.

불재세시아침륜佛在世時我沉淪
석가모니 부처님은 보리수나무 아래, 금강좌金剛座에서 성도成道하시고, 다섯 비구에게 최초의 설법을 펼치셨다. 영축산에서 기수급고독원祇樹給孤獨園까지, 다시 기원祇園에서 영축산까지 인도 남북을 오가며 불법佛法을 널리 선양하시고 중생을 깨우치셨다. 부처님께서 살아계실 때 내가 얼마나 사악한 도리에 빠져 있는지를 아직 알지 못하고, 부처님의 깨우침을 직접 듣지 못하였으니 진실로 부처님 세상을 만나기 어렵다.

불멸도후아출생佛滅度后我出生
'부처님 열반 후 나 세상에 태어났네'라는 뜻은 석가모니 부처님께서 열반에 드시고 난 지금에서야 내가 이제 세상에 나왔다는 것이다.

참회차신다업장懺悔此身多業障 불견여래금색신不見如來金色身
'이 몸의 업장이 많아 여래의 법신을 뵐 수 없음을 참회하노라'는 자신의 업장이 이처럼 무거워 삼십이상(三十二相; 부처님의 몸이 갖춘 32상相, 이 상을 갖춘 이는 세속에 있으면 전륜왕轉輪王, 출가하면 부처가 된다고 함)과 80종호(種好; 32상을 다시 세밀하게 나누어 놓은 것)의 여래 법신을 볼 수 없음을 한탄한다는 것이다.

수행자에게 권하노니 지나치게 소극적이지도, 너무 탄식하지도 말지니라.

당시 부처님께서는 이렇게 말씀하셨다.

"그대들이 내가 세상에 영원히 머물러 주기를 원하나 내가 가르친 불법을 믿고 받아들이지 않는다면 살아있다 한들 무슨 의미가 있겠는가? 반대로 내가 열반에 들어도 그대들이 내가 영원토록 세상에 머물듯이 불법을 봉행한다면 내가 진정 그대들을 떠나는 것이 아닐 것이다."

그러므로 부처님이 세상에 계시느냐 그렇지 않느냐는 중요하지 않다. 우리가 부처님의 가르침을 받들어 행할 수 있느냐는 것이 더 중요하다.

예를 들어 부처님께서는 우리에게 자비를 베풀라 설하셨는데 과연 모두 자비를 베풀고 있는가? 또한 부처님께서는 수모와 고통도 참으며 인내하라 설하였는데 모두 수모와 고통을 참아가며 인내하고 있는가? 부처님께서는 우리에게 계율을 지키라 하셨는데 모두 계율을 잘 지키고 있는가? 또한 부처님께서는 우리에게 홍법이생(弘法利生; 법을 널리 펼쳐 중생을 이롭게 하다)하라 하였는데 모두 홍법이생 하는가?

우리가 자비와 보시로 중생을 대하고, 육바라밀六波羅蜜로 수행을 쌓으며, 팔정도八正道로 불법을 실천하고, 사성제四聖諦로 불법을 선양하는 등 부처님의 진리를 받들어 행한다면 부처님의 법신이 세상에 늘 머무는 것과 다를 바가 무엇이겠는가. 그러므로 경전에서는 '부처님은 항상 적광토(寂光土; 진리가 있는 곳)에 머무시며 우리를 보살피시고, 영원토록 진리 속에서 우리를 이끌어주신다' 하였다. 또한 『금강경金剛經』에서는 '이 경전이 있는 곳이 곧 부처님이 계신 곳이고, 부처님의 진리가 있는 곳이 곧 부처님이 계신 곳이다'라고 하였다. 그러므로 우리는 자신과 타인과의 관계를 중요시해야 한다. 꽃 한 송이 풀 한 포기에도 여래가 깃들어 있음을 염두에 두고 자신과 타인의 관계를 생각하며 중생을 제도해야 한다.

천강에 비친

세 걸음 나아가 생각하고,
세 걸음 물러나 헤아려라.
성냄 일어날 때 깊이 생각하고,
화를 내려놓음이 최고의 길상이다.

向前三步想一想 退后三步思一思
嗔心起時要思量 熄下怒火最吉祥

_고덕古德

옛날, 오랫동안 타지를 돌며 장사를 하던 상인이 있었다. 그는 아내를 보러 고향집에 들리는 경우도 드물었다.

설날이 다가오자 그는 고향에 돌아가 가족과 함께 보내기 위해 선물을 사고자 시장으로 나갔다. 그는 길 한쪽에서 게송偈頌을 판다는 간판을 걸어놓고 있는 스님을 보게 되었다. 순간 호기심이 생긴 그는 다가가 말을 걸었다.

"게송을 얼마에 파십니까?"

"황금 열 냥이요."

"대체 어떤 게송이기에 그렇게 비쌉니까?"

"만약 시주께서 황금 열 냥을 내고 사시겠다면 소승이 기가 막힌 게송을 알려드리겠소."

순간 마음이 동한 상인이 황금 열 냥을 내자 스님이 그에게 위의 게송을 알려주었다.

게송을 듣고 난 상인은 무척이나 실망스러웠다.

'겨우 네 마디 말에 황금 열 냥이라니, 너무 비싸구나!'

하지만 상대가 출가인인지라 대놓고 따지기도 어려웠다.

자리를 뜨기 전 스님은 상인에게 신신당부를 하였다.

"이 게송을 반드시 명심하시오. 집에 가면 크게 쓸모가 있을 것이오."

밤낮을 가리지 않고 쉼 없이 길을 재촉한 상인은 한밤중 섣달그믐이 다 지날 무렵 겨우 집에 도착했다. 잠겨 있지 않은 대문을 열고 들어선 상인은 곧바로 자신의 방으로 향했다. 얇은 장막이 쳐져 있는 침대 앞에서 아내를 부르려던 상인은 갑자기 놀라 눈을 동그랗게 떴다. 희미한 등불 아래 침대 앞에 남자의 신발이 가지런히 놓여 있는 것이 보였다. 상인은 속으로 생각했다.

'내가 집을 비운 사이 적적함을 이기지 못한 아내가 몰래 외간 남자를 끌어들인 것이 분명하구나!'

화가 머리끝까지 치밀어 오른 상인은 부엌으로 달려가 식칼을 집어 들고 와 정절을 지키지 않은 아내를 죽여 버리겠다고 다짐했다.

그가 손을 높이 치켜든 순간 갑자기 머릿속에 스님이 얘기했던 게송이 떠올랐다.

'세 걸음 나아가 생각하고, 세 걸음 물러나 헤아려라〔向前三步想一想, 退后三步思一思〕.'

잠시 멍하니 서 있던 그는 그 게송대로 세 걸음 나아가고 다시 세 걸음 물러나며 나아가고 물러나기를 반복했다. 상인이 움직이는 소리에 침대에 누워있던 아내가 깜짝 놀라 일어났다. 상인은 노기가 가시지 않은 얼굴로 침대 아래 신발을 가리키며 자초지종을 캐물었다. 그러자 아내는 억울한 듯 울먹이며 말했다.

"당신이 오래도록 집에 돌아오지 않았잖아요. 새해도 되었는데 남자 신발 갖다 놓으면 떠난 남편이 돌아온다기에 그 말대로 해본 거예요. 가족이 한자리에 모이게 하려 했던 거라고요."

그 말을 들은 상인이 들었던 칼을 떨어뜨리며 큰소리로 외쳤다.

"게송의 값이 너무 쌌구나. 이건 천 금을 주고도 살 수 없을 것이다."

이 게송이 아니었다면 그는 평생 후회할 큰일을 저지르고 말았을 것이다. 『금강경』에는 '4구게四句偈만이라도 받아 지니고 있으면 그 공덕은 삼천대천세계三千大天世界를 칠보七寶로 보시한 공덕보다 수승殊勝하다'는 구절이 있다.

천 강 에 비 친

좋고 선한 인연은 맺지 않고,
탐욕과 명리를 좇아 근심으로 지내네.
세상 살며 금은보화만 알 뿐이니,
그대 몸 빌려 몇 십 년이나 보겠는가.

不結良緣與善緣 苦貪名利日憂煎
豈知住世金銀寶 借汝閒看幾十年

_진晉, 발타라跋陀羅

불결 량연 여 선연 不結良緣與善緣 고탐명리일 우전 苦貪名利日憂煎
이 세상을 살아가면서 남을 배려하지 않고 오로지 자신만을 생각하며, 타인과 인연도 맺지 않고 타인을 도와주지도 않는다면 서로 좋은 인연도, 선한 인연도 만들 수 없으므로 도움을 받을 수가 없다. 똑똑하고 재치가 넘치는 것도 아니며 유능하지도 않지만 하는 일마다 순조롭고 항상 많은 도움을 받는 사람들은 인연에 의지하는 것이다.
　여러 방면에 능통하고 기지가 뛰어나지만 하는 일마다 뜻대로 되지 않는 사람은 인연을 널리 맺지 못한 때문이다. 그러므로 매사 걸림돌이 많아 나아가기 힘이 드는 것은 자연스러운 일이다. 우리가 매일 명예와 이익만을 추구하고, 명리名利의 탐진貪瞋 풍파 속에서 표류하느라 다른 이에게 즐거움을 줄 수 없고 다른 이 역시 당신을 좋아하지 않는다면 삶이 어찌 즐거울 수 있겠는가?

기지 주세 금은보豈知住世金銀寶 차여 한간기 십년借汝閒看幾十年
우리가 세상에서 누리는 금은보화는 날 때부터 가지고 태어나는 것도 아니고 죽으면서 지고 가는 것도 아니다. 누군가 우리에게 보라고 빌려준 것 같기도 하다. 그렇게 보아도 겨우 수십 년이고 눈 깜짝할 사이에 사라져 티끌 하나 남지 않는데 굳이 아등바등 매달릴 필요가 무엇이 있는가? 세상의 모든 사물은 짧은 시간에 끝나며 빌려보는 것일 뿐이다. 우리의 집은 몇 년이나 살 수 있을까? 우리의 몸은 몇 년이나 움직일 수 있을까? 영원토록 나의 것은 이 세상에 아무것도 없다.

"모든 것을 가져갈 수 없으나 오로지 업장만이 몸 따라가리〔萬般帶不去 唯有業隨身〕." 죽음의 순간에 이르면 처자식도 함께 갈 수 없고, 금은보화는 다른 사람의 손에 들어가며, 절친한 친구도 하나 둘 떠나간다. 아무것도 가지고 갈 수 없지만, 선업善業이든 악업惡業이든 신身·구口·의意로 지은 업장만은 함께 가지고 간다. 선업과 공덕도 가지고 가지만, 죄업과 악연 역시 함께 가지고 가야 한다.

세상에 존재하는 유형有形의 물건은 가지고 갈 수 없지만, 무형無

形의 '업장'은 가져 갈 수 있다. 그러므로 한 순간이면 사라질 집, 재산, 의복과 보석 등에 지나치게 욕심을 부리는 어리석은 짓을 해서는 안 된다. 이런 것들은 훅 하고 한 번 불면 사라지는 인연이며 곧 남의 소유가 될 것들이다. 우리는 거짓된 세상의 모습에 미혹되지 말고, 진실되고 불변하는 인연을 찾아야 한다. 청명淸明하고 자유자재自由自在한 자신의 본성을 찾는 일이 가장 중요하다 하겠다.

천강에 비친

수행을 통해 얻은 몸은 학과 같고,
천 그루 소나무 아래 두 상자의 경이라네.
내가 찾아가 도를 물으니 아무 말 없이,
구름은 하늘에 물은 병에 있다 하네.

練得身形似鶴形 千株松下兩函經
我來問道無餘說 雲在青天水在甁

_ 당唐, 이고李翺

이 선시는 당나라 때 태수 벼슬을 지낸 이고李翺라는 사람의 시이다. 약산선사藥山禪師가 이름난 고승이란 소리를 들은 이고는 어떤 분인지 만나보고 싶은 마음에 사는 곳을 물어물어 힘들게 그가 있는 곳을 찾아 갔다. 그때 약산선사는 산꼭대기 소나무 아래에서 단정하게 가부좌를 틀고 참선을 하고 있었다. 이고가 무척 공손한 태도로 가르침을 주십사 청했지만, 약산선사는 아는 체도 하지 않았다. 늘 교만하던 이고는 이제껏 한 번도 이런 모욕과 푸대접을 받아본 적이 없었다. 자존심이 상한 이고가 화를 참지 못하고 비꼬면서 말했다.

"만나보니 진정 소문에 듣던 것만 못하군."

이 말은 스님의 명성을 오래전부터 듣고 흠모해 왔는데 만나고 나서야 세상의 풍속과 물정을 모르는 사람이라는 것을 알게 되었다는 의미였다. 말을 마친 이고가 여전히 화난 표정으로 그 자리를 떠나려고 하자, 약산선사가 홀연 입을 열어 그에게 말했다.

"시주께서는 어찌 보배로운 귀와 천한 눈을 가지고 계십니까."

어찌하여 귀로 듣는 것은 귀하고 보배로운데 눈으로 직접 보는 것은 천하다고 여기는가라는 의미로 어찌하여 귀만 믿고 눈은 믿지 않는지를 질책하는 것이다.

이고가 그 말을 듣고 이치에 맞는 말이라 여기며 다시 물었다.

"계戒, 정定, 혜慧가 무엇입니까?"

"이곳엔 그런 쓸데없는 것들은 없소이다."

"그럼 수행은 어떻게 해야 하는 것입니까?"

"높고 높은 산꼭대기에 우뚝 서고, 깊고 깊은 바닷속을 걷는 것처럼 해야 합니다(高高山頂立 深深海底行)."

이고가 다시 물으려는 찰나 약산선가 한 손으로 하늘을, 다른 한 손으로는 곁에 있던 병에 든 물을 가리키며 눈을 감고 더 이상 아무 말도 하지 않았다.

그 모습을 본 이고는 그제서야 선禪의 이치는 분별分別할 수 없고 억측할 수 없는 것임을 깨달았다. 집으로 돌아와 불법佛法을 연구하고 익혀 심성을 갈고 닦는 선과 관련된 수많은 책을 편찬하는 데 온 마음을 기울인 이고는 훗날 뛰어난 학자가 되었다.

    예부터 불교의 고승대덕, 선사들과 왕래하며 들은 단 몇 마디 깨달음이 수많은 문인학자들에게 일생을 좌우할 만한 커다란 영향을 끼친 경우가 수없이 많다. 약산선사를 친견한 뒤 이와 같이 훌륭한 게송을 써서 선문에 남긴 이고의 이야기가 천년을 이어져 내려오는 것처럼 말이다.

천 강 에 비 친

지금까지 함께 지내고도 이름을 모르지만,
운명처럼 함께 갈 뿐이네.
자고로 덕 높은 현자도 알지 못했거늘,
경솔한 범부가 어찌 알 수 있겠는가.

從來共住不知名 任運相將只麼行
自古上賢猶不識 造次凡流豈可明

_ 당唐, 석두희천石頭希遷

종래공주부지명從來共住不知名
장구한 세월 동안 우리는 누구보다도 가장 가깝고 친한 사람과 함께 살아오고 있으면서도 그의 이름을 모른다. 그는 과연 누구일까? 바로 우리들 자신의 진여불성真如佛性이다.

　사람에게 있어 가장 슬픈 일은 자신을 알지 못하고, 자신이 본래 가지고 있는 모습을 제대로 알아보지 못한다는 것이다. 매일 다른 사람에게 "이 선생", "박 선생", 또는 "아무개 씨" 하고 부르면서도 자신이 어떤 인물인지는 알지 못한다.

임운상장지마행 任運相將只麼行

인간은 자신의 본모습을 알아야 하는 것뿐만 아니라, 물 흐르듯 인연 따라 자연스럽고 자유롭게 생활해야 한다. 그러면 어떻게 해야 물 흐르듯 자연스러운 나날을 보낼 수 있을까?

첫째, 주어지는 인연 따라 생활하는 것이다. 둘째, 주어지는 환경 따라 편안히 머무는 것이다. 셋째, 주어지는 마음 따라 중생을 제도하는 것이다. 넷째, 주어지는 기쁨 따라 자재自在해지는 것이다.

현대 사회를 살고 있는 대부분의 사람들이 인연에 순응하지 않을 뿐만 아니라 인연을 거스르는 생활을 하므로 주어진 환경 속에서 편안할 수 없다. 주어진 환경에서 편안하지 않기 때문에 안주安住하기가 쉽지 않은 것은 너무나 당연하다. 안주하는 것조차도 할 수 없거늘 마음이 이끄는 대로 중생을 제도하고 인연을 맺는 것은 더 말해 무엇 하겠는가!

세상의 수많은 번뇌와 시비是非는 자신을 알지 못하는 데서 기인한다.

자고상현유불식 自古上賢猶不識 조차범류기가명 造次凡流豈可明

예로부터 성현이라 불렸던 분들도 자신을 알지 못했거늘, 하물며 우리 같은 평범한 중생인 범부들이 어찌 이해할 수 있겠는가! 우리가 불도佛道를 연구하고 익히며 스스로 갈고 닦지 아니하면 진리는 영원토록 이해하기 어려울 것이다. 이치를 바로 깨닫지 못하고 정진精進하지 않으면 수행을 할 수가 없고, 수행하지 않으면 자신을 알 수 없는 것은 자명한 이치이다.

  이 게송은 자신을 앎으로서 비로소 자연스럽게 인연을 따를 수 있고, 다시는 범속한 무리로 경솔하게 타락하지 않으리라는 것을 가르쳐주고 있다.

천강에 비친

화살 맞고 떨어진 두 독수리 피 흘리고,
채찍 휘두르며 말 달리다 가죽을 벗기네.
남쪽에서 오는 기러기 쏘지 마시오.
멀리 있는 가족 소식 가져올지 모르니!

已落雙鵰血尙新 鳴鞭走馬又翻身
憑君莫射南來雁 恐有家書寄遠人

_ 당唐, 두목杜牧

이 게송은 자비심을 내어 작은 생명을 아끼고 보호하라고 권하는 내용이다.

이락쌍조혈상신 已落雙鵰血尙新
이미 화살을 맞고 떨어진 독수리 두 마리가 온몸에서 피를 뚝뚝 흘리고 있다. 그 독수리도 본래는 창공을 마음대로 오가며 자유롭게 날고 있었을 테지만 인간의 사냥이라는 취미와 입을 만족시키고자 훌륭한 음식으로 만들어지기 위해 화살에 맞고 떨어진 것이다.

명편주마우번신鳴鞭走馬又翻身

평소 우리와 무척 가까이 있는 말과 소는 우리를 등에 태우는 것뿐만 아니라 수레를 끌거나 밭을 갈아준다. 그러나 그 고마움을 모르고 말과 소의 가죽을 벗기고 고기를 먹음으로서 착한 본성은 사라지고 고약한 기운만이 생겨나게 되었다. 그렇기에 어느 선사께서는 '칼 휘두르는 세상을 알고 싶다면 한밤 도살장의 소리를 들어보라〔欲知世上刀兵劫, 但聽屠門夜半聲〕'고 하였다.

빙군막사남래안憑君莫射南來雁 공유가서기원인恐有家書寄遠人

남쪽에서 날아오는 기러기를 쏘지 말 것을 권유하고 있다. 왜냐하면 '멀리 있는 가족 소식 가져올지 모르기' 때문이다. 기러기는 우리를 대신해 천 리 멀리 떨어져 있는 가족의 편지를 가져다주는 존재일 수도 있다. 그러므로 무릇 모든 일에 감사하는 마음과 자신이 가진 복을 아끼는 마음을 가져야 한다.

 선진화된 국가들은 모두 수렵과 도살을 금지하고 있으며, 심지어 야생동물 보호구역을 지정해 멸종위기의 동물들을 보호하고 있다. 미국의 옐로스톤에서는 관광하면서 들개나 곰, 사슴 등의 동물을 만나면 차를 세우고 동물들을 먼저 지나가게 해준다. 공원 자체가 동물들의 영토인 까닭이며, 이러한 모습이 바로 선진화된 국가의 모습일 것이다.

반대로 우리 사회를 돌아보자. 작은 새나 물고기를 가지고 놀거나, 매미나 메뚜기를 잡거나, 소나 양에게 돌을 던지는 아이들을 자주 보곤 한다. 하지만 부모가 나서서 말리는 경우는 흔치 않다. 어려서부터 동물을 학대한다면 어찌 사랑하는 마음을 기를 수 있겠는가? 사랑하는 마음이 없고 고약한 성질만 점점 늘어나게 되면 어른이 되어 잔혹한 살생이나 나쁜 짓을 하지 않는다고 누가 보장하겠는가?

옛날 어느 대덕의 말씀 중에 이러한 것이 있다.

"내 육신과 중생의 육신이 이름만 다를 뿐 몸은 다르지 않다. 본래 같은 계급이나 형체만 다를 뿐이다. 고통과 번뇌는 그가 받고 나는 맛난 고기로 살찌우니, 죽어 염라대왕의 판결 기다리지 말고 응당 어찌해야 할지를 지금 생각하라."

우주 만물의 기원과 종류가 하나라는 입장에서 본다면, 생명은 다 같은 것이다. 그러므로 내 육신과 중생의 육신 역시 다르지 않다. 내가 필요하고 즐거움자고 다른 이의 육신을 내 음식으로 삼고, 다른 사람에게 고통과 괴로움을 주어야 하겠는가? 그러면 당신의 마음은 편하겠는가? 그러니 여러분들은 살생은 적게 하고 자비심을 더욱 많이 가지기 바란다.

천강에 비친

종일 봄 찾아 헤맸으나 보지 못하고,
구름 낀 고개를 짚신 신고 헤맸네.
돌아오다 문득 매화향기 날리니,
가지 끝에서 봄이 벌써 무르익었구나.

終日尋春不見春 芒鞋踏破嶺頭雲
歸來偶把梅花嗅 春在枝頭已十分

_당唐, 무진장無盡藏

이 선시는 당나라 때 무진장無盡藏이라는 비구니 스님의 작품이다.
　세상 사람들은 마음 밖에서 진리를 구하려 한다. 눈으로는 성聲, 색色, 미美를 추구하고, 귀로는 각종 소리를 듣기 좋아하며, 코로는 자극적인 향기를 좋아하고, 혀로는 감미로운 맛을 보기 좋아하며, 몸으로는 부드러운 감촉을 탐하고, 마음으로는 갖가지 분별하기를 좋아한다. 우리들의 이 마음 하나가 매일 육진(六塵; 色, 聲, 香, 味, 觸, 法)을 쫓느라 정신이 없지만, 선사들은 보지도 않고, 듣지도 않으며,

입을 열지도 않으면서 온 우주가 마치 자신의 마음속에서 존재하고 움직이는 듯하다.

종일심춘불견춘終日尋春不見春

우리는 봄의 모습을 보고 싶어 한다. 하지만 봄은 어디에 있는가? 봄은 우리의 불성佛性이자 진여眞如이며 진심眞心이다.

망혜답파령두운芒鞋踏破嶺頭雲 귀래우파매화후歸來偶把梅花嗅 춘재지두이십분春在枝頭已十分

진여불성을 찾아 헤매다 결국 찾지 못한 채 돌아오면서 우연히 창문 아래 화단에 심은 매화가 이미 꽃망울을 환하게 터트린 것을 보면 우리는 "아! 이제 보니 봄은 이미 가지 끝에서 영글었구나!"라고 외치게 될 것이다.

이러한 정경은 조주선사趙州禪師를 묘사한 다음과 같은 게송에서도 잘 나타난다.

> 조주선사가 팔십에 행각을 떠남은
> 오로지 마음이 고요하지 않음이라.
> 돌아와 아무 할 일 없고 나서야
> 짚신 값 헛되이 씀을 처음 알겠노라.
> 趙州八十猶行脚 只因心頭未悄然
> 及至歸來無一事 始知空費草鞋錢

동서남북 사방을 다니며 밖에서만 찾는다고 어찌 자신을 찾을 수 있겠는가! 자신이란 우리 마음속에 존재하는 것이다. 당신이 확신에 찬 목소리로 "찾았다"라고 말할 수 있다면 참으로 아름다운 것이다.

무엇을 찾았는가? 나 자신을 찾았으며 내 본성을 찾았다. 자신을 찾고 자신을 인식할 수 있는 것은 무척 어려운 일이다. 세상의 중생은 자신을 인식하지 못하여 어리석고 번뇌가 끊이지 아니하니 이 얼마나 가엾은가!

자신을 인식하게 된다면 더 이상 마음 밖에서 진리를 갈구하지 않을 것이다. 마음 밖에는 나도, 진리도, 세상도 없는 까닭이다.

무진장 스님의 이 게송은 우리에게 '나를 찾았다'라는 말의 특별하고도 깊은 의미를 알려주고 있다.

천 강에 비친

광명이 온 누리를 고요히 비추니,
범부 성현 온 생명이 나와 한 몸일세.
한 생각도 안 냄은 모두 드러남과 같고,
육근이 움직이면 구름이 하늘을 가리네.

光明寂照遍河沙 凡聖含靈共我家
一念不生全體現 六根才動雲遮天

_당唐, 장졸張拙

참선하는 사람은 법계가 그의 마음속에 있음은 물론 극락과 지옥 또한 그의 마음속에 자리하고 있다.

광명적 조변 하사 光明寂照遍河沙 범성 함령 공아가 凡聖含靈共我家
부처님의 빛이 온 세상을 두루 비추듯 불성의 빛은 본디 허공법계에 널리 가득 퍼져 있다. 그렇기에 범부이건 성현이건, 심지어 영혼을 가진 동물들 모두 나와 한 몸이며 우리는 한 가족인 것이다.

불교에서는 감정을 가진 생물을 열 가지로 분류하고 보통 '십법계十法界'라 부른다. 즉, 불佛, 보살菩薩, 성문聲聞, 연각緣覺, 천상(天), 인간(人), 아수라阿修羅, 지옥地獄, 아귀餓鬼, 축생畜生이다. 사람은 누구나 하루에도 수없이 십법계 사이를 오고 간다.

가끔 문득 생각이 일어 다른 이를 도와주고 자비로 다른 이를 대하며 마음속에 번뇌가 사라지면 이때 본성의 빛이 맑은 허공을 밝게 비추게 되는데 이것이 곧 부처님과 보살의 세계이다. 한 가지 일이 만족스럽지 못하여 화를 내거나 원망하는 마음을 갖는 것, 큰돈을 벌기 위해 탐욕스런 마음을 품는 것, 맛난 것을 더 많이 먹고자 하는 음식에 대한 욕심 등 탐貪, 진瞋, 치痴의 지옥, 아귀, 축생의 마음이 나타나기만 하면 진리에 맞지 않는 행동조차도 하게 된다. 우리가 가진 이 마음 하나에 부처, 보살은 물론 지옥, 아귀 등 십법계의 모든 마음 상태가 다 들어가 있다.

일념불생전체현一念不生全體現

사람은 하나의 망념도 일어나지 않는 단계까지 도달할 수 있다. 일어나지 않는 것은 곧 일어날 것이 없다는 것이며 또한 모든 것이 일어난다는 것이기도 하다. 허공에 형상이 없다는 것은 또한 상이 없는 곳이 없다는 것과 같다는 이치이다.

육근재동운차천六根才動雲遮天

육근이란 안眼·이耳·비鼻·설舌·신身·의意이다. 이 육근은 도둑처럼 몰래 우리 몸 안에 살면서 매일 애욕愛慾과 분노에 사로잡혀서, 보지 말아야 할 것을 더 많이 보고, 듣지 말아야 할 것을 더 많이 들으며, 말하지 말아야 할 것을 함부로 말하고, 생각지 말아야 할 것을 함부로 생각하며, 하지 말아야 할 행동을 멋대로 하게 한다. 사람의 본성이 육근이라는 먹구름에 가려져 있으므로, 먼저 사람 몸속에 똬리를 틀고 앉아 있는 이 여섯 가지의 도적을 잡아 항복시켜야 몸과 마음, 말과 생각이 망령되이 움직이지 못하게 할 수 있다.

수행자라면 가장 중요하게 여겨야 할 덕목 중 하나일 것이다.

천강에 비친

특별히 불문에 들어 고와 공에 대해 묻고,
감히 선에 대해 선사께 묻네.
꿈은 부질없는 인생사와 같고,
부질없는 인생은 꿈속에서 다시 되풀이되네.

特入空門問苦空 敢將禪事問禪翁
爲當夢是浮生事 爲復浮生是夢中

_당唐, 백거이白居易

특입공문문고공特入空門問苦空 **감장선사문선옹**敢將禪事問禪翁
백거이의 작품인 이 게송은, 그가 불교에 심취한 뒤 한 번은 특별히 공문空門에 들어 괴로움과 허공에 대해 물었다. 여기서 '공문'이란 불교를 가리킨다. 이 '공空'이란 모든 것을 텅 비어 아무것도 없는 것으로 보는 것이 아닌, 허공으로 보는 것이다. 그 허공 속에는 만물이 깃들어 있으며 모든 것을 감싸 안고 있다. '고苦'와 '공空'에 대해 가장 깊이 느낄 수 있는 곳이 불문佛門이니, 고와 공에 대해 묻고자 불문을 찾았다면 제대로 찾아온 것이다.

　세상에는 수많은 종류의 괴로움이 있다. 신체적 괴로움도 있고, 정신적 괴로움도 있다. 또한 타인과 제대로 어울리지 못하는 것도 괴로움이요, 물질적으로 풍요롭지 못한 것도 괴로움이다. 갖고 싶은 것을 갖지 못하는 것도 괴로움이고, 몸이 늙고 병들어 죽는 순간도 괴로움이며, 마음이 탐진치貪瞋痴에 휘둘리며 좌지우지 되는 것도 괴로움이다. 진정 괴로움이 넘쳐나고 괴로움의 바다가 끝 간 데 없다. 백거이는 괴로움(苦)과 무상(空)한 인생을 좀 더 이해하고자 특별히 불문을 찾아와 가르침을 청했다.

　'공空'이란 일종의 정견正見이자 연기緣起이며 반야般若이자 진리眞理이다. 공에는 공의 배경과 내용을 가지고 있으며, 또한 이 공은 건설적이기도 하다. 공이 곧 색色인 까닭으로 공이 있어야 유有가 있고, 공이 있어야 비로소 만물이 있게 되므로 만물 또한 공이다.

　'감히 선에 대해 선사께 묻는다(敢將禪事問禪翁)'라는 구절은 불문에 이르러 일상생활에서의 참선하는 마음, 참선하는 의미, 참선 수행에 관한 가르침을 선사들께 청한다는 내용이다.

위당몽시부생사爲當夢是浮生事 위부부생시몽중爲復浮生是夢中
우리의 인생은 꿈과 같다. 하지만 덧없는 우리의 인생 자체가 마치 꿈을 꾸는 것과 같음을 모른다. '인생은 꿈과 같으니 꿈속에서 굳이 타인과 다툴 것이 뭐 있나'라는 이치를 당신이 이해한다면, 타인과의 시비를 가리고자 지나치게 다투지 않을 것이다.

번뇌가 적은 사람은 자연스럽게 꿈을 꾸는 경우도 적다. 인생이 꿈과 같다는 의미를 깊게 통찰할 수 있다면, 꿈속에서는 오취육도五趣六道와 타인과의 시시비비가 모두 사실 같겠지만, 일단 맑은 정신이 들어 깨닫게 되면 삼천대천세계가 공허하며 너와 나란 구분 없이 서로를 대하고 시간과 공간이라는 나눔도 없음을 알게 되니, 참으로 '누가 먼저 꿈에서 깨어나는가, 평생 나 스스로 알 뿐이네〔大夢誰先覺 平生我自知〕'이다.

천강에 비친

깨닫지 못하던 시절 추억하니,
호각소리 한 번에 슬픔 한 차례 묻어나네.
지금 베개 베고 누워도 잡념 없으니,
크고 작은 매화도 향은 매한가지로다.

憶著當年未悟時 一聲號角一聲悲
如今枕上無閒夢 大小梅花一樣香

_ 당唐, 부상좌孚上座

억저당년미오시憶著當年未悟時 일성호각일성비一聲號角一聲悲
이것은 부상좌孚上座의 게송으로, '깨닫지 못하던 시절 추억하다 보니' 진실로 '호각소리 한 번에 슬픔 한차례 묻어난다'라고 말하고 있다. 시간은 분초를 다투며 빠르게 흘러가고, 인생은 무명 속에 덧없이 지나며, 삶과 죽음 또한 그토록 무상하니 그 생각을 떠올리기만 해도 슬픔이 그 가운데서 일어나지 않을 수 없다.

　불문에는 다음과 같은 두 마디 말이 있다. '이치를 깨우치지 못했을 때는 부모가 돌아가신 것처럼 비통하고, 이치를 이미 깨우쳤어도 부모가 돌아가신 것처럼 비통하다〔未曾悟道如喪考妣 已經悟道如喪考妣〕.'

큰일을 밝게 알지 못하고 깨달음을 얻지 못하였을 때 무지몽매하게 나날을 보내는 것은 부모가 돌아가신 것처럼 슬픈 일이다. 또한 이치를 이미 깨우친 후에는 네 가지의 커다란 요소(四大; 땅, 물, 불, 바람)가 모두 '공空'이며 인생 역시 어디에도 물들지 않고 막힘이 없다는 것을 알게 되었으니 이 역시 부모가 죽은 것처럼 비통하다는 것이다. 이는 자신이 오도육취五道六趣에서 유랑하며 생사의 굴레에서 지금까지 허우적대다 비로소 자신을 인식하게 되었음을 개탄하는 것으로 그 느낌이 자연 깊이 와 닿는다. 선을 배우는 자가 생명의 본원本源을 꿰뚫어보지 못하고, 죽음의 진상眞相을 헤아려보지 않는다면 그것이야말로 호각소리 한 번 울림에 슬픔 하나 배어나는 느낌일 것이다.

중국에서 20년 간 유학을 하고 일본으로 돌아가 홍법을 펼치던 진관선사眞觀禪師가 천태종을 30년 간 연구해 온 도문道文 스님께 가르침을 청하고자 찾아왔다.

"제가 어려서부터 천태사상 중 '법화法華' 사상에 대해 연구를 해 왔는데 한 가지 난제를 풀지 못하여 찾아왔습니다."

"법화 사상이 무척 오묘하고 깊은데도 오로지 한 가지 난제만을 풀지 못하였다니 그것만 봐도 그대의 수행이 얼마나 높은지 알겠군. 그래, 그 한 가지 난제가 무엇인가?"

"『법화경法華經』에 '유정무정有情無情 동원종지同圓種智'라고 이른 구절이 있는데, 그럼 꽃과 풀, 나무도 진실로 성불할 수 있다는 것입니까?"

"30년 간 화초와 수목이 성불할 수 있는지에 매달려 온 것이 당신에게 무슨 도움이 되리오. 그대는 마땅히 스스로가 어찌 성불할 것인지에 관심을 쏟아야 할 것이오."

도문 스님이 깜짝 놀라 물었다.

"저는 지금까지 그 문제를 전혀 생각지 않았습니다. 제가 어찌 해야 성불할 수 있는지 가르침을 주십시오."

"당신은 한 가지 문제만 풀지 못했다 말했으니, 두 번째 문제는 그대 스스로 풀어보시오."

깨달음을 얻지 못하였을 때는 이곳저곳 다니며 다른 이에게 가르침을 청한다. 하지만 자기 자신에게 물어보아야 비로소 스스로 깨달을 수 있다는 것을 어찌 모를까?

여 금침상무한몽如今枕上無閒夢 대 소매화일양향大小梅花一樣香
지금 나는 이미 깨달음을 얻었다. 잠에 들어서도 이치와 서로 호응할 수 있고 진리와도 부합되니 더 이상 잡스러운 생각이 나지 않고 악몽이 사라지게 된다. 불문에서는 깨달음을 얻는 것을 살아 있는 장강長江이 오래도록 흘러간다고 말한다. 우리는 매일 작은 깨달음을 얻는다. 이 수많은 작은 깨달음이 모여 좀 더 큰 깨달음이 되고, 갑자기 어느 순간 커다란 깨우침을 얻게 되는 것이다. 그런 뒤 "어디서 태어나며 또 죽어 어디로 가는 것인가?"에 대한 깨달음을 마음으로 알게 될 것이며 더 이상 생사에 대한 두려움이 없게 될 것이다.

 작은 깨달음이든 커다란 깨달음이든 선문에서의 하루 생활은 매화꽃이 작든 크든 모두 향기로운 이치와 같다. 속된 생각을 떨쳐 버리고 자신의 진여자성을 따라 인연대로 자유로우면, 인간세상에서 아등바등거리며 쫓아다닐 만한 것이 더 무엇이 있겠는가?

천강에 비친

올 때 흔적 없고 갈 때 종적 없으니,
오고 감이 매한가지로세.
어찌 뜬구름 같은 인생사를 묻는가,
뜬구름 같은 인생은 그저 꿈이로세.

來時無跡去無蹤 去與來時事一同
何須更問浮生事 只此浮生是夢中

_ 당唐, 조과鳥窠

래시무적거무종來時無跡去無蹤

인간은 태어날 때 어디에서 오는가? 흔적도 없고, 종적도 없다. 죽은 뒤 어디로 간단 말인가? 이 또한 아무런 흔적도 없다. 어디에서 태어나는지, 죽어 어디로 가는지 매한가지로 아무런 흔적이 없다.

거여래시사일동去與來時事一同

옛날 한 선사가 집집마다 돌며 탁발을 하고 있었다. 그때 마침 시주하던 집에서 아들이 태어나자 그 소리를 들은 선사가 문 앞에 서서 비통함의 눈물을 흘렸다. 주인이 무척 언짢은 듯 물었다.

"우리 집에 사랑스러운 아기가 태어나 모두 기뻐하는데, 선사께서는 어찌 그리 슬퍼하며 눈물을 흘리십니까? 좋은 날에 재를 뿌리는 것도 아니고."

그러자 선사가 대답했다.

"저는 시주님 댁에 죽을 사람이 또 하나 늘어났기에 우는 것입니다."

출생이라는 것은 기뻐할 일이며, 죽음이라는 것은 슬픈 일이라는 것이 일반인들의 관념이다. 하지만 이치를 깨달은 사람의 관점에서는 태어난다는 것은 곧 죽는 것이다. 무릇 태어나는 것들은 반드시 죽게 되어 있으니 굳이 죽음에 다다랐을 때에야 슬퍼할 필요가 무에 있는가. 꿈결 같은 인생을 살다가 결국에는 황토 속으로 돌아가니 태어나는 것과 죽는 것은 매한가지이다.

어떤 이가 황량하고 넓은 들판에서 사자에게 쫓기고 있었는데 도망갈 곳이 없었다. 그러다 마침 마른 우물 하나를 발견하고는 나무줄기를 잡고 우물 속에 몸을 숨겨 목숨을 구하려 하였다. 반쯤 내려가자 우물 아래에 네 마리의 뱀이 혀를 날름거리고 있고, 머리 위에서는 흰쥐와 검은 쥐 두 마리가 그가 잡고 있는 나무줄기를 갉아대고 있는 것을 알았다. 만약 줄기가 끊어진다면 떨어져 죽지 않는다 해도 우물 아래 네 마리 뱀에게 물려죽을 판이었다. 이처럼 두려운

절체절명의 순간에 꿀벌 다섯 마리가 날아가며 떨어뜨린 다섯 방울의 벌꿀이 마침 그의 입으로 떨어지며 은은한 향과 달콤한 맛이 입 안 가득 퍼지게 되자 그는 어느새 생사의 갈림길에 선 자신의 처지를 모조리 잊어버렸다.

　이 우화는 인생을 비유한 것이다. 인생이란 무상한 사자에게 쫓겨 마른 우물 속으로 쫓겨 가는 것과 같다. 우물 아래에는 생로병사生老病死와 지수화풍地水火風이라는 네 마리 뱀이 도사리고 앉아 혀를 날름거리고 있다. 생명을 상징하는 나무줄기는 낮과 밤을 상징하는 흑과 백의 두 마리 쥐에게 갉아 먹힌다. 생각만 하여도 얼마나 위험한 순간인가! 이때 날아가던 다섯 마리의 꿀벌은 재욕財欲, 색욕色欲, 명예욕〔名欲〕, 음식욕〔食欲〕, 수면욕睡眠欲이라는 오욕五慾에 비유된다. 적디 적은 한 방울의 단맛으로도 우리는 위험을 금방 잊어버리니 이처럼 어리석은 인생이 무슨 가치가 있으랴.

하수경문부생사何須更問浮生事 지차부생시몽중只此浮生是夢中
인생의 천태만상 모두 허황된 꿈일 뿐이며, 생사 역시 꿈과 같다. 고해의 바다에서 끊임없이 헤매고 있을 때 생과 사에 빠져 허우적대지 말고 서둘러 해탈을 구하는 것이야말로 가장 중요하고도 시급한 일일 것이다.

천강에 비친

하늘에 태어남은 본래 그 업이 있으니,
선인을 바란다고 다 얻지는 못하네.
학과 용의 등도 기울면 위험하노니,
자고로 백 년 산 군왕이 없다네.

生天本自生天業 未必求仙便得仙
鶴背傾危龍背滑 君王自古無百年

_당唐, 지현知玄

사람은 헛되이 구하려 하지 말고 자신의 본분을 지켜야 한다. 밭을 경작하기만 할 뿐 수확이 많고 적음을 따지지 않으면 성과 또한 저절로 모이고 쌓아진다. '삼십삼천 하늘 밖 하늘 세상 밖에 신선 있네. 신선은 본래 범부가 된 것인데, 범인의 마음 흔들릴까 걱정일 따름이네〔三十三天天外天 九宵雲外有神仙 神仙本是凡人做 只怕凡人心不堅〕'가 이 선시를 해석하기 위한 것이라고 해도 과언이 아니다.

생천본자생천업生天本自生天業 미필구선변득선未必求仙便得仙

하늘에 태어나려면 하늘에 태어날 수 있는 복과 업을 가지고 있어야 한다. 한 사람의 복덕과 인연이 모두 갖춰지면 부귀를 원하거나 성현이 되기를 원하는 것은 말할 것도 없고 부처가 되는 것조차도 능히 자연스럽게 이루어질 수 있다. 세상에 태어나면서 미륵인 사람 없고, 저절로 부처가 되지도 않으며, 노력하지 않고 저절로 얻어지는 공적도 없다. 지금 청년들 중에는 힘써 노력하거나 분투하지 않으며, 땀 흘려 씨를 심으려 하지도 않고 헛되이 갈망하며 부귀를 얻으려 요행만을 바라는 이가 있으나 이는 불가능한 일이다. 예를 들어 돌덩어리 하나를 물속에 집어넣으면 가라앉는 것은 당연하다. 당신이 그 돌을 뜨게 해달라고 모든 신에게 다 기도를 드린다고 해도 불가능하다.

학배경위용배활鶴背傾危龍背滑

자신의 역량을 알지 못하는 사람은 학의 등을 타고 하늘로 오른다고 해도 위험하기는 마찬가지이다. 용을 타고 하늘로 올라도 한 번 미끄러지면 천고의 한으로 남을 것이다. 사람은 귀함을 스스로 알고 헛되이 구하지 말아야 한다.

군왕자고무백년君王自古無百年

중국 역사가 면면히 오천년을 이어오는 동안 수많은 왕조와 수많은 군왕이 나왔지만, 백 년을 황제의 자리에 있던 사람이 있었던가? 세상일은 무상한 것이다. 온갖 일을 위해 바쁘게 뛰어다니고, 온갖 일을 위해 힘들게 고생을 하지만, 결국 궁극에는 모두가 '공空'이며, 우리 것은 아무것도 없다. 제때에 선행을 베풀고, 공덕을 쌓아야 비로소 자손대대 오래도록 누릴 수 있다.

천강에 비친

불문이 적적하여 고향 생각하니,
구름 서린 사찰과 이별하고 산을 내려간다네.
고향에선 친구들과 죽마놀이 하며,
절에서의 진리 탐구를 게을리 하겠지.
병으로 계곡의 달을 건지려 말고,
찻잎 끓이는 중 꽃을 꽂지 말지니,
아쉬움에 눈물 흘리지 말고 가거라.
나는 안개와 구름 벗하며 지낼 터이니!

空門寂寂汝思家 禮別雲房下九華
愛向竹欄騎竹馬 懶於金地聚金沙
添瓶澗底休撈月 烹茗甌中罷弄花
好去不須頻下淚 老僧相伴有煙霞

_당唐, 김교각金喬覺

이 선시의 지은이인 김교각은 지장보살의 화신이다. 출가 전에는 한국 신라의 왕자였다. 그가 구화산에서 수행을 할 적의 일화이다. 당시 옆에서 시봉을 하던 한 어린 사미승이 산에서 오래도록 머물다보니 적막한 산중생활에 싫증을 느끼게 되었다. 게다가 사람들로 북적대고 가족과 왁자지껄하게 떠들던 고향으로 돌아가고 싶었다. 하지만 또 한편으로는 스승과의 이별이 못내 서운하였다. 그리하여 지장보살이 그를 내려 보내며 이 선시를 지어 깨달음을 주었다.

공문적적여사가空門寂寂汝思家

불문에서의 생활은 단조롭기 그지없다. 왁자지껄 정을 나눌 사람도, 따뜻함을 나눌 사람도, 특별히 대우해 줄 사람도 없다. 오히려 적막하기 그지없으니 어린 사미승이 고향으로 돌아갈 생각을 하는 것도 어찌 보면 당연하다.

예별운방하구화禮別雲房下九華

구름 짙게 깔린 산속에 자리 잡은 사찰, 이제까지 머물던 그곳과 작별하고 구화산을 내려가려 한다.

애향죽란기죽마愛向竹欄騎竹馬 라어 금지취금사懶於金地聚金沙

부처님 계신 이곳에서 진리를 탐구하고 천천히 수행을 쌓으며 성장하는 것을 싫어하고, 집으로 돌아가 친구들과 대나무로 말 타기 놀이 하며 즐길 생각에 부풀어 있는 너를 탓하기도 어렵다.

첨병간저 휴로월 添瓶澗底休撈月

하지만 인간세상으로 돌아간 뒤에는 오욕五欲의 먼지 속에서 괴로울 것임을 알아야 한다. 병에 계곡 물 가득 채우고 그 안에 비친 달이 아름답다고 생각하지 마라. 그것은 실존하는 것이 아니라 허상일 뿐이다.

팽명구중파농화 烹茗甌中罷弄花

꽃병에 꽂혀 있는 꽃이 무척 아름답다고도 여기지 마라. 그 역시 한 순간일 뿐이며 눈 깜짝할 사이에 시들어 떨어지고 나면 그 역시 존재하지 않는 것이다.

호거불수빈하루 好去不須頻下淚

오늘은 조심해서 산을 잘 내려가거라. 눈물을 흘리거나 떠나기 아쉬워할 필요도 없으며, 이곳에 마음을 둘 필요는 더더욱 없다.

노승상반유연하 老僧相伴有煙霞

나와 벗하고 있는 하늘의 구름과 산중의 안개가 나의 짝이니 조금도 적적하지 않다는 것을 네가 알면 족하다.

　인생은 모두 허상일 뿐이니, 우리는 불법 가운데에 우뚝 서야 할 것이다.

천강에 비친

사대가 모여 공을 이루는 것이고,
생물은 모두 귀하나 마음은 비었도다.
범부에게 설명하는 것을 꺼리지 말라,
다만 궁상각 음계만 다를 뿐이다.

四大由來造化功 有聲全貴裡頭空
莫嫌不與凡夫說 只爲宮商調不同

_ 당唐, 조주종심趙州從諗

사대유래조화공四大由來造化功 **유성전귀리두공**有聲全貴裡頭空
이 구절은 우주만물이 모두 사대四大로 이루어졌으며, 사대의 인연이 합해져 생성되었다는 것을 말하고 있다. 사대란 네 가지 원소이며, 이것이 합해지면 세상이 되고, 사람이 된다. 모든 사물은 지地, 수水, 화火, 풍風이라는 네 가지 원소인 사대를 벗어날 수 없다. 땅은 딱딱한 성질을 지녔으며, 물은 습한 성질을, 불은 따뜻한 성질을, 바람은 유동적인 성질을 지녔다.

꽃과 풀, 나무가 자라는 데 토양이 필요하니 지대地大이다. 수분이 촉촉이 적셔줘야 하니 수대水大이다. 햇빛도 필요하니 화대火大이다. 공기도 있어야 하니 풍대風大이다. 토지와 수분, 햇빛, 공기가 있으므로 꽃과 풀, 나무가 성장할 수 있는 것이다. 사람 역시 마찬가지이다. 사람 몸의 뼈, 털은 단단한 성질의 지대이다. 사람의 대소변, 땀, 가래는 습한 성질의 수대이다. 사람의 체온, 울화통은 화대이다. 풍대는 사람의 호흡을 가리킨다. 숨 한 번 내뱉지 못하면 사람도 살아갈 수 없다. 사대의 인연이 모이면 성장할 수 있고, 인연이 흩어지면 곧 멸하게 된다. 집짓는 건축 자재 중 목재는 지대이고 진흙은 수대이고, 채광, 통풍은 화대와 풍대이다. 집 한 채를 짓는데도 지, 수, 화, 풍이 꼭 있어야 하며, 세상의 모든 것들이 사대가 모여서 이루어진다.

막혐불여범부설莫嫌不與凡夫說

일반인은 연기성緣起性이나 공空을 이해하기 어려우므로 이와 같은 수많은 이치를 범부에게 이야기해도 다 이해한다고 할 수 없다.

지위궁상조부동只爲宮商調不同

중국의 고대음악에는 '궁宮, 상商, 각角, 치徵, 우羽'라는 다섯 음계가 있다. 석가모니 부처님이 금강좌에 앉아 보리수나무 아래에서 깨달음을 얻은 후 제일 처음 든 생각이 바로 열반이다. 어찌해서 열반에 들어야 하나? 부처님은 자신이 깨달은 이치와 세상이 다름을 알았기 때문이다. 부처님이 본 힘든 모습을 중생은 즐거움의 경계로 여기고 있다. 부처님이 깨달은 진리와 보리를 세인들은 죽어 없어지는 것과 텅 비어 아무것도 없는 것이라 보았다. 그러므로 어떠한 생각들은 믿고 따르도록 하기 어려웠다. 불·보살과 범부의 생각하는 바가 같지 않고, 사상과 관념 역시 달랐으므로 가끔 전달하기가 쉽지 않았다. 그러므로 서로 잘 소통하고, 대화를 많이 나눠 관념을 일치시키는 것이 당면한 커다란 문제이다.

천강에 비친

나는 삼생석 위의 그 옛날 정령이니,
음풍농월 옛일은 논하지 말게.
안타깝게도 벗이 멀리서 찾아왔건만,
몸은 비록 다르나 본성은 그대로네.

三生石上舊精魂 賞月吟風莫要論
慚愧情人遠相訪 此身雖異性常存

_ 당唐, 원택圓澤

오랜 지기인 원택선사圓澤禪師와 유생 이원李源이 오랜만에 만나 나들이를 가기로 했다. 원택선사는 산길로 가기를 원했고, 이원은 강을 이용해 가자고 고집했다. 그러자 원택선사가 "과연 인과와 윤회는 억지로 피할 수 없구나"라고 탄식하며 결국 강을 타고 나들이하기로 했다. 마침 강가에는 배가 남산만하게 부른 여인이 빨래를 하고 있었다. 그 모습을 본 원택선사는 "역시 지어진 운명에서 벗어날 수 없구나"라고 중얼거렸다. 그 여인은 이미 임신한 지 수년째로 원택선사가 와 다시 윤회하기만을 기다리고 있었다. 원택선사가 이원에게 말했다.

"내 업보가 이와 같구려. 나는 그만 윤회하러 가야 하니 더 이상 그대와 함께 나들이를 할 수 없겠소. 13년 후 항주에 있는 천축사天竺寺 앞에서 인연이 있다면 다시 만납시다."

빨래를 하던 여인은 집으로 돌아간 뒤 건강한 사내아이를 낳았다. 어느새 13년이 흘러 약속한 대로 천축사 앞에 도착한 이원은 한 목동이 소를 타고 노래를 부르는 것을 보았다.

전생과 후생의 일이 아득한데,
인연을 말하려니 애가 끓네.
오월의 산천은 이미 돌아봤으니,
안개 낀 강 돌아 구당으로 가려 하네.
身前身後事茫茫 欲話因緣恐斷腸
吳越山川尋已遍 欲回煙棹上瞿塘

노래 소리를 듣자마자 이원은 목동이 옛 친구임을 알았다.

이 선시는 불성佛性은 변하지 않으나, 인간이 오취육도를 윤회하는 것만은 틀림없는 진실이라는 것을 설명하고 있다.

삼생석상구정혼三生石上舊精魂 상월음풍막요론賞月吟風莫要論
삼생석을 지나온 우리는 모두 감정 있고, 인연 있는 사람이며, 음풍

농월을 하던 옛 벗들이다.

참괴정인원상방慚愧情人遠相訪 차신수이성상존此身雖異性常存
늙고 병들어 죽는다고 모든 것이 깡그리 사라진다고 여기지 말라. 사람은 죽을 수 없다. 죽으면 곧 다시 태어나고. 태어나면 다시 또 죽음을 넘어선다. 태어나는 것과 죽는 것은 두 가지가 합하여 하나가 된 것이다. 우리가 생명에 대해 믿음을 가지고 오취와 육도에서 뒹굴든지 윤회를 하든지 오로지 공덕의 씨를 뿌리면, 결국 아름다운 다음 생을 얻게 될 것이다.

천강에 비친

명리도 영화도 구하지 않고,
그저 인연 따라 이 생을 건너련다.
덧없는 이 한 몸 언제까지 살까,
쓸데없는 일 위해 무명만 느는구나.

不求名利不求榮 只麼隨緣度此生
一個幻軀能幾時 爲他閒事長無明

_당唐, 동산양개洞山良价

어지러이 변하는 세상에서 나와 타인 사이의 시시비비를 지나치게 집착하고 따진다면 근심이 끊이지 않는 나날을 보낼 수밖에 없다. 그러므로 우리는 필요할 때 들고 필요치 않으면 내려놓는 가방처럼 인연 따라 흘러가는 대로 내버려 둘 수도 있어야 하고, 털어버리고 내려놓을 수도 있어야 한다. 그렇지 않고 내려놓지 않고 늘 들고 있다면 피곤하지 않겠는가? 정작 필요할 때에는 들 수 없으니 불편하지 않겠는가?

불구명리불구영 不求名利不求榮

이 게송은 우리에게 '명리도 영화도 구하지 말라'고 하고 있다. 개인의 안위와 영화, 성공을 얻으려 말고, 나라와 사회를 위해 더욱 크고, 더욱 좋고, 더욱 영광스러운 것을 얻고자 노력해야 한다.

그렇다면 어찌해야 사사로움을 취하지 않고 대중을 위한 일을 할 수 있을까?

'영예를 부처님께 돌리고, 성취를 대중에게 돌리고, 이익은 사찰에 돌리고, 공덕은 신도에게 돌린다'라는 불광인佛光人의 신조가 바로 무사무아無私無我의 덕행이다.

지마수연도차생 只麽隨緣度此生

우리는 내 한 몸의 득실만을 따지지 말고 국가와 사회를 더 많이 생각하고, 대중을 위해 더 많은 복을 지어야 하며, 고생을 마다않고 봉사를 하도록 더욱 노력하여야 하고, 널리 선한 인연을 맺어야 한다.

일개환구능기시 一個幻軀能幾時　위타한사장무명 爲他閑事長無明

'덧없는 이 한 몸 언제까지 살까, 쓸데없는 일 위해 무명만 느는구나'라는 이 구절을 잘 생각해 보라. 인생 기껏해야 백 년 밖에 되지 않는다. 무엇을 위해, 금방 사라져 버리는 덧없는 것들을 위해 무명과 번뇌를 자아내는가? 헛되이 마음에 담아두고 전전긍긍하는가?

무문無門 혜개선사慧開禪師의 선시가 이런 내용과 정확히 부합된다.

봄에는 백화가 만발, 가을에는 달이 휘영청

여름에는 시원한 바람, 겨울에는 하얀 눈이 나리네!

덧없는 일 맘에 담지 않는다면,

인간 세상도 좋은 시절!

春有百花秋有月 夏有涼風冬有雪

若無閒事掛心頭 便是人間好時節

개인적인 소소한 일에 마음을 빼앗겨 오래도록 담아두지 말아야 한다. 그러나 중생을 제도하는 일은 더욱 적극적으로 나서야 하며, 사회복지를 위한 일 역시 지속적으로 해나가야 한다. 다리를 보수하고 길을 닦는 것 역시 공덕이 무한한 것이며, 어렵고 힘든 사람을 구제하는 것 역시 남을 돕는 좋은 일이다. 이 세상에서 게으르고 나태한 생활도 몇 십 년일 뿐이요, 사리사욕을 채우는 이기적인 생활 역시 몇 십 년일 뿐인데, 어찌 국가와 사회를 위해 적극적으로 더 많은 일을 하지 않으려 하는가? 어찌 사회의 안녕과 화목을 위하여 더 많은 복을 지을 생각을 하지 않는가?

천강에 비친

한 연못 연잎으로 옷을 지어도 다함이 없고,
몇 그루 송화만 먹어도 남음이 있네.
세인들이 나 있는 곳을 알았으니,
다시 초막을 깊은 산속으로 옮겨야겠네.

一池荷葉衣無盡 數樹松花食有餘
剛被世人知住處 又移茅屋入深居

_ 당唐, 대매법상大梅法常

대매大梅 법상선사法常禪師는 어릴 적 옥천사에서 출가했다. 어려서부터 선법에 대해 특히 관심이 많았던 선사는 마조 도일선사를 찾아가 수학했다. 법상선사가 어느 날 마조 도일선사에게 물었다.
"부처란 무엇입니까?"
그러자 마조선사가 대답했다.
"마음이 곧 부처이니라."
그 말 한마디에 크게 깨달음을 얻은 법상선사는 후에 대매산大梅

山에 은거하며 깊은 수양을 쌓았다.

당나라 덕종德宗 정원貞元년에 염관鹽官 제안국사齊安國師 아래에 있던 한 출가승이 산에서 길을 잃어 헤매다가 뜻하지 않게 대매 법상선사를 만나게 되었다. 이렇게 외진 산속에 스님이 홀로 은거하고 있다는 데 크게 놀란 출가승이 법상선사에게 물었다.

"스님께서는 이곳에서 얼마나 계셨습니까?"

"주위의 청산이 푸르렀다 다시 노랗게 변하는 것만 보일 뿐 얼마나 있었는지는 모르겠네."

그러자 출가승이 다시 물었다.

"산을 내려가려면 어느 방향으로 가야 합니까?"

그러자 선사가 대답했다.

"물 흐르는 대로 가시게나."

출가승은 산을 내려온 뒤 염관국사에게 가서 산에서 만난 기이한 인연을 이야기하였다. 그러자 염관국사가 이렇게 말했다.

"내 전에 강서지방에서 한 출가자를 우연히 만난 적이 있는데 후에 그의 소식이 끊겼다. 그분이 바로 네가 만난 그 선사인지 모르겠구나. 네가 내 대신 다시 가서 공양하겠다는 나의 뜻을 말씀드리고 모시고 내려오너라."

출가승이 다시 산에 올라 대매법상선사를 청하였으나 선사는 위의 게송을 들려주며 완곡하게 거절하였다.

일지하엽의무진 一池荷葉衣無盡

대매법상선사가 읊은 이 구절은 연못 가득 피어 있는 연잎으로 옷을 지어 입으라 하여도 다 입을 수 없다는 의미이다.

수수송화식유여 數樹松花食有餘

산에는 수없이 많은 소나무가 있으니 송화가루로 밥을 지어먹는다 하여도 다 먹을 수 없을 것이다.

강피세인지주처 剛被世人知住處

내가 거처하는 곳을 세상 사람들이 알게 된 후 찾아오는 사람이 더 많아져 수행에 방해가 되니 어찌할까?

우이모옥입심거 又移茅屋入深居

거처를 더 깊은 산속으로, 더 먼 곳으로 옮길 수밖에 없겠다. 대매 법상선사처럼 스스로 자기 수양을 할 수 있다면 중생을 제도할 수도 있을 것이다. 또한 왁자지껄한 도량에서 할 수 있다면 깊은 산속 아무도 없는 곳에서도 할 수 있을 것이다. 세상이 어떻게 변하든 그는 언제나 '마음이 곧 부처요, 부처가 곧 마음이라' 여겼다. 이처럼 확고부동한 태도와 품위를 지닌 위엄 있는 행동이야말로 한 시대를 풍미한 선사의 풍모가 아닌가 싶다.

천강에 비친

대해와 같이 끝없는 마음에,
맑은 연꽃 널리 심어 심신을 기르고
할 일 없는 두 손으로부터,
세상을 위하는 자비로운 인간이 되세.

心如大海無邊際 廣植淨蓮養身心
自有一雙無事手 爲作世間慈悲人

_당唐, 황벽선사黃檗禪師

심여대해무변제心如大海無邊際 광식정연양신심廣植淨蓮養身心
'대해와 같이 끝없는 마음', 이 구절은 사람의 마음은 망망대해와 같이 끝이 없다는 것이다. 하지만 실질적으로 마음은 바다에만 비유될 수 있는 것은 아니다. 마음은 한 나라의 임금처럼 명령을 내릴 수도 있다. 마음이 움직이면 눈이 따라가 보고, 귀가 따라가 듣고, 손이 따라가 일을 하고, 발이 따라 걷는다. 그렇기에 마음은 임금처럼 모든 명령을 내릴 수 있는 것이다.

마음은 또한 빛과 같다. 마음이 움직이면 동서남북 어디든 날아다닐 수 있다. 빌딩을 짓고 싶다고 생각하는 순간 마음속 빌딩은 이 순간 이미 지어져 있다. 마음속 생각의 빠르기가 전광석화처럼 빠르다.

마음은 또한 화가와 같다. 『화엄경華嚴經』에는 "마음은 화가와 같아서 세상 어떠한 사물도 그려낼 수 있다〔心如工畫師 能畫種種物〕"고 하였다. 마음은 예술가처럼 마음속에 아름답거나 추악한 갖가지 변화를 모두 나타낼 수 있다.

마음은 또한 허공처럼 모든 것을 포함할 수 있다.

평소 우리는 '재상의 뱃속은 배도 띄울 수 있다〔宰相肚裡能撐船〕'라고 말한다. 재상의 뱃속에 진짜 배 한 척을 띄운다는 것이 아니라 재상의 마음이 그만큼 넓어 모든 것을 포용함을 형용한 말이다.

그러기에 '마음'은 무량무변無量無邊 존재이며 변화무쌍하고, 만유를 포함하는 존재이다. 그러면 우리는 이 마음을 어떻게 대해야 할까?

자유일쌍무사수自有一雙無事手

이처럼 대단한 마음 하나를 우리는 잘 아끼고 보호해야 할 것이다. 영양가 높은 산해진미를 입으로 먹으면 우리 몸에 영양보충이 된다. 계정혜가 우리의 법신혜명法身慧命에 영양을 가져다 줄 수 있으므로 열심히 마음 밭을 일궈 맑은 연꽃을 더 많이 심도록 해야 한다.

위작세간자비인 爲作世間慈悲人

이 구절은 마음의 역량을 발휘하여 우리의 두 손이 언제나 인연 따라 다른 사람을 위해 공덕을 쌓도록 해야 한다는 것이다. 예를 들어 입으로는 좋은 말을 하고, 손으로는 다른 사람에게 봉사하며, 언제나 선한 인연을 맺도록 노력해야 한다. 오늘날의 우리 사회에 선행과 보시를 하는 자비로운 사람이 넘쳐나기를 바란다. 그렇게 되면 인간이 사는 세상도 더욱 아름다워질 것이다.

천강에 비친

손으로 푸른 모 들고 논 가득 심다가,
고개 숙여 물 가운데 하늘을 보네.
육근이 청정해야 비로소 도를 아나니,
뒤로 물러남이 원래는 나아간 것이네.

手把靑秧揷滿田 低頭便見水中天
六根淸淨方爲道 退步原來是向前

_당唐, 포대布袋

수파청앙삽만전 手把靑秧揷滿田 저두변견수중천 低頭便見水中天
농부가 모를 심을 때의 정경을 형용한 것이다. 농부는 논 가득 심어져 있는 푸른 모를 보다가 고개를 숙여 논의 수면에 비친 파란 하늘과 그 속에 있는 자신까지도 보게 된다.

   다른 사람의 단점만 보이고 자신의 과오는 보지 못하는 것이 일반 사람이 가진 결점이다. 물속에 비친 하늘은 거울과 같다. 사람은 스스로 느끼고 깨달아야 한다.

육근청정방위도六根淸淨方爲道

본성을 맑고 투명하게 드러내 보여야 비로소 '육근이 청정해야 비로소 도를 안다'라고 할 수 있다. 자신의 눈, 귀, 코, 혀, 몸, 생각의 육근으로 하여금 외부의 색色·성聲·향香·미味·촉觸·법法 등 육진에 오염되지 않도록 하고 언제나 자성의 청정함을 유지하는 것이 곧 도를 아는 것이며 수행이라 할 것이다.

퇴보원래시향전退步原來是向前

이 구절은 철학적 의미를 담고 있다. 생각해 보라. 농부는 모를 심으면서 자꾸만 뒤로 한 걸음씩 물러나 결국 논 언저리까지 물러나서야 모를 다 심은 것이 된다. 뒤로 물러나는 것 같으나 사실은 나아간 것이다.

　때로는, 물러남이 반드시 소극적인 행동만은 아니며, 도리어 적극적인 전진을 의미하기도 한다. 다른 사람과 어울림에도 굳이 자기 의견만을 고집하며 따지고 든다거나, 서로 배척하고 상대방을 헐뜯는다면 무엇을 얻을 수 있겠는가? 차라리 한 발 물러나 더 큰 성공을 이루는 것이 옳지 않은가.

　옛날 어떤 사람이 담장 하나를 놓고 이웃과 다투게 되었다. 그러자 분통이 터진 그는 경성에서 높은 관직에 있는 아버지에게 그 사실을 편지로 알렸다. 그는 내심 아버지의 권세를 빌려 싸움에서 이기고자 하였다. 하지만 사리에 밝았던 그의 아버지는 아들에게 시 한 수를 써서 보냈다.

만 리 밖 편지를 보냄이 담장 때문이라니〔萬里修書只爲牆〕,
삼 척을 양보한들 무슨 대수겠느냐〔讓他三尺有何妨〕.
만 리 되는 장성은 지금도 여전하지만〔長城萬里今猶在〕,
그 날의 진시황은 보이지 않는구나〔不見當年秦始皇〕.

겨우 담장 하나 때문에 다툼을 벌이다니 굳이 그럴 것이 무엇인가? 그 사람에게 몇 미터 더 쌓게 하면 모두가 평안하지 않겠는가? 만리장성도 오늘날까지 건재하지만, 당시 혁혁한 일세의 영웅 진시황은 지금 어디에 있단 말인가? 이웃과 다퉈 네가 얻게 된다고 해도 백 년 뒤 너의 것은 과연 무엇이겠느냐? 모두 먼지 되어 날아가고 연기처럼 사라질 것이며 초라한 무덤 하나밖에 더 남겠느냐.

이 시를 통해 우리는 사해가 모두 공空이라는 것을 깨달을 수 있지 않을까? 또한 사회나 물질 등 모든 것을 대할 때에 얽매임 없는 자유스러운 경지에서 바라볼 수 있지 않을까? 자유롭게 자신의 내면을 바라볼 수 있지 않을까? 자유롭게 사물을 바라볼 수 있지 않을까? 자유롭게 자신의 마음을 바라볼 수 있지 않을까? 자유롭게 타인을 바라볼 수 있지 않을까? 물론 할 수 있다. 망망대해 같은 인간세상에서 더 이상 따지거나 다툴 필요가 없다. 남들이 비꼬든지 중상모략을 하든지 맘대로 하게 두고 오로지 나 자신의 마음 밭이 청정한지 아닌지만 보면 된다.

천강에 비친

만약 지기를 만나면 응당 정을 나누고,
설령 원수를 만나도 함께 어울리리다.
능히 수모도 견딜 만큼 뱃속이 넓으니,
마음 땅에서 활개치고 다니게 하리라.

若逢知己宜依分 縱遇冤家也共和
寬卻肚皮須忍辱 豁開心地任從他

_당唐, 포대布袋

우리는 일하면서 또는 살아가면서 가끔 마음과 뜻이 맞는 좋은 친구를 만나기도 하고, 때로는 사사건건 부딪히는 원수 같은 상대를 만나기도 한다.

약봉지기의의분若逢知己宜依分
아무리 좋은 친구라도 한계가 있어야 한다. 금전적 거래가 아니라 서로간의 우의를 존중하여야 한다. 물론 친구 간에도 재물을 통한 우정도 있겠지만, 조금이라도 이해득실에 얽히거나 자칫 잘못하였다가는 서로 반목하며 원수를 만드는 도화선이 되는 것이 돈이기도 하다. 한 순간 자신의 본분을 망각하여 수년 간 쌓아왔던 우정이 한 순간에 무너지게 되니 참으로 안타까울 뿐이다.

종우원가야공화縱遇冤家也共和
만약 원한이 깊은 원수를 만난다 해도 지나치게 실랑이 하지 말며 너무 압박하지도 말라. 나와 다른 의견이나 생각도 받아들이는 아량을 가져야 한다. 원수 또한 역행하는 우리의 인연이며, 우리의 수행정진을 도와줄 수 있는 존재이다. 그러므로 진실로 전도유망한 사람은 일을 할 때도 힘든 일을 먼저 하려 하고, 사람을 사귐에도 다가서기 어려운 사람을 먼저 사귄다고 했다.

관각두피 수인욕寬卻肚皮須忍辱 활개심지임종타豁開心地任從他
'능히 수모도 견딜 만큼 뱃속이 넓으니, 마음 땅에서 활개치고 다니게 하리라'는 수양 상태야말로 최고라 할 것이다.

한 번은 한산대사寒山大士가 습득선사拾得禪師에게 이렇게 물었다.
"누군가 나를 모욕하고, 욕하고, 괴롭히고, 비방하고, 조롱하고, 깔보고, 천시하고, 속인다면 저는 어떻게 해야 합니까?"

그러자, 습득선사가 대답했다.
"그렇다면 당신은 그가 어찌하든 참고, 제멋대로 하게 놔두며, 그를 상대하지도 마십시오. 그리고 몇 년 뒤 그가 또 어떻게 나오는지

보십시오."

 그러니 우리는 다른 사람과 어울려 살아가면서 지나치게 연연해할 필요가 없다. 이해득실을 위해 서로 반목하다 원수가 되거나, 더구나 가족 친지가 남보다 못한 사이로 변하지는 말아야 한다. 만약 인간세상이 태평하길 원한다면 서로 인내하고 양보하는 마음과 아량을 지니는 것이 가장 좋다. 한 번 참으면 거대한 파도도 잠잠해지며, 한 발 물러나 생각하면 드넓은 하늘과 바다가 열릴 것이다.

천강에 비친

명리를 구함은 헛되이 바쁨이오,
명리 두 글자는 수렁에 빠뜨리는 함정일세.
급할수록 어머니 날 낳기 전 모습 돌아보는,
그 마음만 있어도 부처님이로세.

趨利求名空自忙 利名二字陷人坑
急須返照娘生面 一片靈心是覺皇

_ 당唐, 포대布袋

당나라 때 포대화상은 커다란 배에 능히 모두를 품을 수 있다는 지금의 미륵보살이 시현(示現; 부처가 중생을 제도할 목적으로 속세에 태어난 일)한 것으로 전해진다. 그는 늘 세상을 행각 운유雲遊하며 세상 사람들의 어리석음을 보았다. 항상 바쁘게 이리저리 뛰어다니는데, 누군가는 먹고 살기에 바쁘고, 누군가는 자녀들 뒷바라지를 위해 바쁘며, 또 누군가는 일자리를 위해 바쁘게 뛴다. 물론 이상과 자비를 위해 바쁜 사람도 적지 않다.

추리구명공자망 趨利求名空自忙

기차역 앞에 서 있으면 북적대며 바삐 오고가는 인파를 볼 수 있다. 타인을 위하거나 공공의 이익을 위해서 바쁜 사람은 소수이고, 대부분은 명리를 위해 바삐 뛰어다니니 진정으로 '이익과 명예를 구함은 헛되이 바쁨'이다. 사람마다 명예욕에 물들지 않으면 재물에 눈이 어두워 헤어 나오지 못한다. 물론 명예를 위해서라고 해도 좋고 이익을 위해서라고 해도 좋다. 그 모든 것은 꿀벌이 꿀을 모으는 것처럼 결국 헛되이 바쁘게 돌아다닌 것과 같다. 사람이 한마음으로 오로지 명리만을 추구하는 것은 오히려 그럴 수 있다. 하지만 명리를 구하면서 이익에 눈이 어두워 맘이 흐려지고 이익을 보느라 의를 잊어버리게 될까봐 두려운 것이다. 재물을 탐하고 명리를 탐하기 위해 수단방법을 가리지 않고 사람을 해친다면 그것이야말로 죄업이다.

이명이자함인갱 利名二字陷人坑

자칫 잘못하여 명리라는 깊은 수렁에 빠진다면 헤어 나올 방법이 없다. 많은 사람들이 돈이 없을 때에는 금전을 쫓아 수없이 많은 고생과 번뇌로 수없이 많은 시간을 헛되이 낭비한다. 하지만 일단 돈이 생기고 나면 돈 때문에 입는 해가 또 얼마인지 모른다. 명리가 없을 때는 백방으로 명리를 찾아 헤매지만, 일단 명리가 얻어지면 명리로 인해 얻어지는 고통과 속박, 부자유 역시 산을 쌓고도 남음이 있다.

그러므로 학문을 닦고 수행을 하는 사람은 명리를 완전히 떠날 수 없다 하더라도 최소한 명리에 담백해져야 한다. 중국의 국부인 손중

산 선생의 "큰일을 하려면 높은 관리가 되지 말아야 한다"는 말처럼 사회와 민중을 위해 더 많이 일해야 한다.

급수반조낭생면急須返照娘生面 일편영심시각황一片靈心是覺皇
중요한 것은 자신을 알아야 하고 부모가 나를 낳기 전 본래 모습을 인식하고, 속에 내재되어 있는 진심을 느낄 수 있어야 진정 깨달음을 얻은 존자라 할 것이다.

천강에 비친

오로지 마음이라는 마음 그 마음이 부처이니,
시방세계에 으뜸가는 영물이네.
거침없는 신묘한 작용이 만 가지 경계를 만드노니,
모든 것이 진실된 마음만 못하다네.

只個心心心是佛 十方世界最靈物
縱橫妙用萬境生 一切不如心眞實

_당唐, 포대布袋

사람은 누구나 각자 마음을 가지고 있다. 자신의 몸에 신경을 많이 쓰는 편인 사람은 그래서 평소 충분한 영양공급과 건강, 미용, 목욕 등 갖가지 신경을 쓴다. 옷과 음식, 잠자리까지 온갖 필요한 것들을 제공해 가며 세심하게 돌보고 더 나아가 애정을 쏟고, 알려고까지 한다. 하지만 반대로 자아의 진실된 마음은 홀대시하는 경향이 있다. 마음을 갈고 닦지 않으면, 제멋대로인 마음이 그곳에서 업을 짓고, 함부로 행동하게 된다. 그러므로 마음은 도적과 같고, 또한 원숭 이와 같다 하여 '심원의마(心猿意馬; 마음이 한 곳에 집중되지 못하고 들뜨다)'라는 말까지 생겨났다.

　마음은 임금처럼 명령을 내릴 수 있고, 보물창고처럼 재물을 쌓아놓을 수 있다. 사실 진정한 마음은 진심眞心이다. 진심은 허공처럼 우리의 본래 몸이며, 일체의 현상은 모두 마음으로부터 생겨난다. 삼라만상이 다 마음의 반영이요, 세상 모든 것이 다 의식의 결과일 뿐이다. 부처님은 '일체의 마음이 일어나면 수많은 세계가 생겨나고, 일체의 마음이 사라지면 수많은 세계가 무슨 소용인가'라고 설하신다.

　우리의 마음은 위로는 부처가 될 수 있고, 아래로는 지옥, 아귀, 축생으로 떨어질 수도 있다. 중요한 것은 삶과 죽음의 바다에서 허우적대지 말고 본래의 집으로 돌아와 자신의 진여불성을 깨닫도록 하는 것이다.

지개심심심시불只個心心是佛 시방세계최영물十方世界最靈物
시방세계에 마음보다 더 영적인 것은 아무것도 없다. 사람마다 마음을 가지고 있지만, 실질적으로 세계에서 가장 영험한 보물임에도 잘 돌보고 사용하지 않으니 안타까울 따름이다.

종횡묘용만경생縱橫妙用萬境生　일체불여심진실一切不如心眞實
세상에 있는 처자식, 농토, 저택, 일체의 재물과 심지어 명리, 권세 어느 하나 나의 것이 없다. 온전하게 내 것인 것은 이 마음 하나이다.

인생의 종착역에 도착하면 수많은 것들 하나도 가져가지 못하며 오로지 업장 하나가 이 몸을 따라갈 뿐이다. 공덕이 있으면 복을 받을 것이고, 공덕이 없으면 고통을 받을 것이다. 마음이 장차 우리를 대신하여 판단을 할 것이기에 마음이야말로 가장 진실하다.

『종용록從容錄』에는 위장군韋將軍이 현사화상玄沙和尙을 방문한 일화가 소개되어 있다. 위장군이 현사화상께 물었다.
"옛말에 날마다 써도 전혀 알지 못한다 하였는데, 이는 무엇을 가리키는 것입니까?"
현사화상이 과자를 한 움큼 쥐어 장군에게 공손히 내밀며 말했다.
"장군, 마음껏 드십시오."
위장군은 과자를 먹으면서 다시 물었다.
"도대체 무엇이 날마다 써도 전혀 모른다는 겁니까?"
"지금 장군이 과자를 먹는 것이 바로 그 의미이지요."
저마다 마음을 매일 사용하고 있음을 당신이 어찌 알겠는가?

천강에 비친

한산에 머물게 되어 모든 것 내려놓으니,
마음에 꺼리길 잡념이 없네.
한가롭게 바위에 시나 적으니,
마음대로 떠다니는 매이지 않은 배 같구나.

一住寒山萬事休 更無雜念掛心頭
閒書石壁題詩句 任運還同不繫舟

_ 당唐, 한산寒山

 납자衲者은 무척 자유롭고 속박이 없으며, 매어져 있지 않은 배가 동서남북을 두루 항해하듯이 인정과 사물 어느 것 하나 구속됨이 없다.
 옛날 두 명의 사미승이 각각 동쪽과 서쪽 사찰에 안거하고 있었다. 두 사람은 매일 채소를 사러 시장으로 나갔다. 동쪽 절의 사미승은 비교적 선을 중시하고 지혜가 있는 이였다. 그 반면 서쪽 절의 사미승은 선을 제대로 이해하지 못하고 지혜 역시 부족하였다. 채소를 사러 갈 때면 두 사미승은 길에서 늘 마주치곤 하였다. 서쪽 절의 사미가 동쪽 절의 사미승에게 물었다.

"어디 가는가?"

"바람 부는 대로 가네."

서쪽 절의 사미가 어떻게 대꾸해야 할지 몰라 사찰로 돌아가 자신의 스승에게 물었다.

그러자 그 말을 들은 스승이 야단을 쳤다.

"이런 어리석은 녀석, '만약 바람이 없다면 어디로 가려 하시오?'라고 물었어야지."

다음날 두 사미승은 또다시 만나게 되었다. 서쪽 절 사미가 다가가 재빨리 물었다.

"오늘은 어디로 가는가?"

"내 발이 가는 대로 가네."

서쪽 절의 사미승은 이번에도 어떻게 대답해야 할지 몰라 돌아가 다시 스승께 여쭈었다. 그러자 스승이 크게 꾸중을 하였다.

"정말 멍청한 녀석이로구나. 발이 가려 하지 않으면 어디로 가려 하느냐고 물었어야지."

셋째 날 또 다시 두 사미승이 만나게 되자 서쪽 사미승이 자신만만하게 물었다.

"이보게! 오늘은 또 어디로 가려나?"

"시장에 채소 사러 간다네."

동쪽 절의 사미는 시공時空이나 생각의 구속을 받지 않으니 지혜가 참으로 변화무변變化無邊하며 어떠한 말로도 능히 오묘한 진리를 밝혀낼 수 있었다.

일 주한산만사휴一住寒山萬事休
'한산에 머물게 되어 모든 것 내려놓으니'란 재능이 뛰어난 데다 대담하고 더욱이 책임감도 있는 당신이 매사 주저하거나 망설임 없이 일처리를 하다가 깊은 산속 도량에 머물게 되니 모든 일을 다 내려놓아야 한다는 것이다.

갱 무잡념괘심두更無雜念掛心頭
기왕에 내려놓았으니 더 이상 세상의 득과 실, 순리를 따르는가 역행하는가, 좋은가 나쁜가를 따지지 말고, 한마음 한뜻으로 진리의 넓은 길로 나아가야 한다.

한서석벽제시구閒書石壁題詩句 임운환동불계주任運還同不繫舟
얼마든지 자유롭게 그림 그리고, 글 쓰고, 시 지으면서 인연 따라 거리낌 없이 마음대로 나아간다.

   갖가지 법률과 규칙, 또 갖가지 구속이 난무하는 현대 사회 속에서 우리가 옛 대덕大德의 '마음대로 떠다니는 매이지 않은 배 같구나'와 같은 인생관을 마음에 품고 살아간다면 우리 생활이 참으로 자유롭지 않을까!

천강에 비친

천년 돌 위로 옛사람 흔적 어려 있고,
만 길 바위 앞은 한 점 허공뿐!
밝은 달 비출 때는 항상 밝고 맑으니,
동서를 물어 찾으려 수고하지 말게나.

千年石上古人蹤 萬丈巖前一點空
明月照時常皎潔 不勞尋討問東西

_당唐, 한산寒山

천년석상고인종千年石上古人蹤

천년을 이어져 오는 길 위에서 옛사람이 지나간 흔적은 무엇일까? 모든 불·보살들은 어떻게 수행하여 도를 깨우쳤을까? 옛 성현들은 어떻게 성현이 되셨을까?

　불교에서 말하는 옛 선인仙人의 도道란 우리들이 본받아야 할 대상이자 우리들의 선지자이다. 옛 선인의 도에서 '도'는 용감함, 굳센 의지, 행하기 어려워도 행하며 참기 힘들어도 참는 고행을 가리킨다. 괴로움 중의 괴로움을 참고 이겨내지 못한다면 어찌 사람 위의 사람이 될 수 있는가? 옛 선인의 도는 발심하는 것이다. 발보리심發菩提心이며, 발자비심發慈悲心이고, 발반야심發般若心이다. 당신이 기꺼이 발심하려 한다면 그것이 곧 옛 선인의 도이다.

만장암전일점공萬丈岩前一點空

까마득히 높은 절벽 앞은 아득히 펼쳐진 허공이다. 그런데 당신이라면 서슴없이 한 발 앞으로 내딛을 수 있겠는가? 당신이라면 마땅히 돌아가야 할 종착점이라 여길 수 있겠는가? 당신이 '공空'의 참뜻을 이해하지 못하고, 무조건 아래로 뛰어내리면 모든 것을 잃을 거라고 생각한다면 얼마나 두렵겠는가? 사실 '공'은 허공과 같다. 그 한 점의 '공'을 두려워하지 않아야 비로소 만유萬有를 가질 수 있다. '공'은 또한 우리의 망상과 집착을 모두 태워버릴 수 있는 커다란 횃불과 같다. 이 횃불을 두려워하지 않는다면 그 밝은 빛으로 온 세상을 비추게 할 텐데 인생에 무슨 문제가 또 있겠는가?

명월조시상교결明月照時常皎潔

달이 나오면 어둠은 숨어버린다. 당신 자신의 마음이 밝아지면 자성의 찬란한 그림자가 나타나 무명이 즉시 사라지는 것과 같다. 우리 마음의 밝은 달이 환하게 비추기 시작하면 작은 등불 하나로도 모든 어둠을 제거할 수 있다. 그때가 되면 어둠, 시비, 번뇌 등은 모두 우리에게서 멀리 사라질 것이다.

불노심토문동서 不勞尋討問東西

자성 속 밝고 환한 반야의 빛을 보여줄 수 있다면 시비를 가리려 지나치게 따지지도 않고 너와 나를 가르려 하지도 않게 된다. 매사 '밭을 경작할 뿐 수확은 따지지 않는다'는 태도를 지니고, 성현의 발자취를 따라 용감하게 앞으로 나아갈 것인데, 생명의 궁극적인 정토에 도달하지 못할 것을 어찌 두려워하는가.

천 강 에 비 친

아침에 꽃 피어 온통 붉은 나무,
저녁에 꽃 져 비어 있는 나무 보네.
만약 꽃을 인간사에 비유한다면,
꽃과 인간사가 매한가지로세.

朝看花開滿樹紅 暮看花落樹還空
若將花比人間事 花與人間事一同

_ 당唐, 용아선사龍牙禪師

조간화개만수홍朝看花開滿樹紅 모간화락수환공暮看花落樹還空
아침에 꽃이 핀 것을 보았다. 어느새 가지마다 붉고 찬란한 고운 꽃이 가득 피어 있다. 밤이 되어 붉은 꽃이 모두 떨어지니 아름다운 모습은 온데 간데 없고, 남은 것은 앙상한 가지뿐이다. 꽃이 피고 지는 평범한 일상에서도 인생의 무상을 깨달을 수 있다. 무상이 있기에 진보가 있는 것이므로 무상은 결코 두려운 것이 아니다.

　인생이 무상한 것이 아니라면 우리 범부는 영원토록 범부로 남아 있어야 한다. 무상이 있기에 우리가 성불할 수 있는 가능성도 있는 것이다. 무상은 우리에게 희망을 가득 가져다주는 것이지 절망을 주는 것은 아니다.

옛날 한 수재秀才가 청명절에 조상의 묘에 제를 지내러 고향으로 돌아가다 마을에서 우연히 선녀처럼 아리따운 처녀를 만나게 되었다. 마음속으로는 더없이 기뻤지만, 쑥스러워 자신의 마음을 직접 표현하지 못하였다. 다음해 청명절에 그는 다시 고향으로 내려가 성묘를 하면서 마을에서 다시 한 번 그 아가씨와 마주치길 내심 기대하였지만 어떻게 해도 그녀를 찾을 수 없었다. 알고 보니 그녀는 젊은 나이에 이미 요절하였던 것이다. 그는 한탄하며 시 한 수를 지었다.

작년 오늘 이 문을 들어서니
얼굴과 복사꽃 서로 붉게 어울렸는데
사람은 어디로 갔는지 알 길 없고
복사꽃만 봄바람에 미소 짓누나.
去年今日此門中 人面桃花相映紅
人面不知何處去 桃花依舊笑春風

그러기에 '늙어서 도를 배우겠다고 기다리지 말라. 외로운 무덤에는 젊은 사람 것이 많다네〔莫待老來方學道 孤墳多是少年人〕'라고 하였다. 젊었을 때 자신이 젊고 아름답고 건강하다고 자만하지 말라. 이런 것들은 언제까지고 유지되는 것이 아니다.

약장화비인간사若將花比人間事 화여인간사일동花與人間事一同

우리 인생을 꽃에 비유해 보자. 꽃이 아침에 피고 저녁에 시드는 것은 무상이며, 사람에게 태어남과 죽음이 있다는 것 역시 무상이다. 사람과 꽃의 이치가 매한가지이다. 세상에 변하지 않는 것은 없으며 혼자만 가지고 있는 것도 없다. 모든 것은 인연에 의지해야만 존재할 수 있는 것이다. 그렇기에 '인연이 모이면 성취하고 인연이 흩어지면 멸한다'고 하였다. 그러므로 우리는 현재 누리고 있는 인연을 소중히 여겨야 하며, 이것이 무엇보다 중요하다고 하겠다.

천강에 비친

권문세도가에는 걱정이 끊이지 않고,
대부호는 내환이 산과 같다네.
심산에 은둔한 이 없다 말하지 마오
번뇌 끊긴 곳에 한가함만 남으리.

粉壁朱門事甚繁 高牆大戶內如山
莫言山林無休士 人若無心處處閒

_당唐, 용아선사龍牙禪師

분벽주문사심번粉壁朱門事甚繁

우리들은 하얀 칠을 한 담장이나 붉은 칠을 한 대문을 보면 대부분 고관대작이나 큰 부자들이 산다고 여기고, 몸과 마음이 편안하고 풍족할 거라고 생각한다. 하지만 사실 그들은 결코 평안하지도 여유롭지도 않다. 때론 그들 역시 밥 먹을 시간조차 없을 정도로 바쁘고, 잠도 편하게 잘 수 없을 때가 있다.

고장대호내여산高牆大戶內如山

돈 많은 부자들이 사는 높은 담장을 보면서 그것을 부러워할 가치가 있을까? 높은 담장 안의 부자도 타인과의 시시비비가 끊이지 않고, 권세 다툼에 아등바등하며, 교만하여 남을 업신여기는 등 넘어야 할 방해물들이 산처럼 연이어 있으니 결코 평탄하거나 순조로운 생활만은 아닐 것이다.

막언산림무휴사莫言山林無休士

심산유곡에 은둔자가 없다 말하지 말라. 또 매사 아등바등하지 않고 만사를 다 떨쳐버릴 수 있는 휴사休士가 없다고 말하지 말라.

인약무심처처한人若無心處處閒

사람이 무심無心의 경지에 이르면 마음을 쓰지 않는 것이 아니라 따지지 않고 득실에 얽매이지 않게 된다. 그러니 무문선사無門禪師가 말한 '봄에는 백화가 만발하고, 가을에는 달이 휘영청 밝다. 여름에는 시원한 바람 불고, 겨울에는 하얀 눈 내린다. 덧없는 일 맘에 담지 않는다면, 인간 세상도 좋은 시절이라네(春有百花秋有月 夏有凉風冬有雪 若無閒事掛心頭 便是人間好時節)'라는 구절처럼 된다면 자연스럽게 한가함만 남게 될 것이다.

 사람이 정말 한가로워질 수 있을까? 바쁠 수는 있어도 한가로울 수 없는 사람이 있다. 한가로워지면 피로워 견디지 못한다. 그런 반면 한가로울 수 있어도 바쁘지는 못하는 사람이 있다. 일이 없을 때는 편안하고 자유롭다가도 일단 일이 들어오면 참지를 못한다. 사실 이것은 지나치게 한 쪽으로 치우친 것이다. 사람이 바쁠 수도 한가할 수도 있고, 이를 수도 늦을 수도 있고, 배가 부를 수도 있고 고플 수도 있고, 클 수도 적을 수도 있고, 나아갈 수도 물러날 수도 있고, 있을 수도 없을 수도 있고, 괴로울 수도 즐거울 수도 있고, 이처럼 못할 것이 없다면 이게 바로 무심無心이다. 일단 만물에 대해 무심하다면 만물에 거짓 경계를 짓는 것이 무슨 소용이 있겠는가?

  부귀공명도 좋고, 다른 이를 위해 봉사하는 것도 좋지만 몸은 바빠도 마음은 한가로워야 하는 것이 중요하다. 무심은 마음을 쓰지 않는 것이 아니라 이해득실을 따지지 않는 것이라는 점이 가장 중요하다.

천강에 비친

도 배우기 전 가난 먼저 배워야 하나니,
가난 배워 가난해진 후 무릇 도와 친하네.
어느 날 아침 가난이 도가 됨을 깨닫는다면,
도의 쓰임이 가난한 이와 같다네.

學道先須且學貧 學貧貧後道方親
一朝體得成貧道 道用還如貧底人

_ 당唐, 용아선사龍牙禪師

학도선 수차학빈學道先須且學貧
수행을 하면서 우리는 도를 이루지 못함을 걱정해야지, 가난해질 것을 걱정해서는 안 된다. 먼저 안빈낙도를 배워야 하는 이유는 부귀하면 도를 배우기 어렵기 때문이다. 예를 들어 당신이 지금 1억 혹은 2억 짜리 복권에 당첨되었다거나 수백 개의 금덩이가 집에 있다고 한다면 과연 편안하게 앉아 참선을 하거나 염불만 외울 수 있을까? 도를 닦지 않은 사람에게 금전은 앞을 흐리는 장애물이고 결국 자신을 망치게 된다. 진정으로 도를 배우는 사람은 먼저 가난함을 배워야 한다. 재물이 적으면 마음에 걸리는 것도 적고, 재물이 많으면 마음에 걸리는 것 역시 많다.

부자이고 돈이 많은 사람일수록 더욱 돈에 좌지우지된다. 그들이 돈을 사용하는 것이 아니라 돈이 마음을 노예처럼 부리는 돈의 노예가 된다.

학빈빈후도방친學貧貧後道方親

안빈낙도 할 수 있는 사람이라야 '가난 배워 가난해진 후에야 무릇 도와 친하네'라는 구절처럼 될 수 있고, 빈궁함 속에서도 꺾이거나 부러짐이 없음을 비로소 알게 된다.

향암선사香巖禪師는 "작년의 가난은 가난이 아니라네. 작년에는 그래도 송곳 꽂을 땅은 있었으나, 올해는 송곳 꽂을 땅마저도 없다네"라고 말하였다. 비록 송곳 꽂을 땅은 없지만, 그는 무상무변無相無邊의 법계가 있어 온 우주의 기묘함을 품고 있다. 돈이 모든 일을 해결할 수 있다고 생각지 말라. 돈이 때로는 악업을 짓는 근원이 된다. 돈 자체가 선악과 시비를 지닌 것은 아니지만, 일단 잘못 쓰이게 되면 시비가 되며 악업을 짓게 된다.

일조체득성빈도一朝體得成貧道

도를 배우려는 수많은 출가자들은 때론 자신을 겸허하게 '빈도', '빈승'이라 칭한다. 그가 과연 진정으로 빈궁한 출가자인가? 정말

아무것도 가진 것이 없는 수도자인가? 사실은 아니다. 그는 맑고 소박한 가운데 이미 무궁무진한 보물을 가지고 있다. 그렇다면 당신도 빈도라 할 만큼 수행을 하였는가?

도용환여빈저인道用還如貧底人
세상에 가난한 사람은 하나도 없다. 도를 깨우쳤다면 눈을 감아도 세상이 모두 당신의 마음속에 들어 있을 것이다. 마음속에 담긴 법계, 마음속에 담긴 보물, 마음속에 담긴 안락, 마음속에 담긴 즐거움은 천금을 주고도 사기 어렵다. 그러므로 도를 배우는 사람은 빈궁함을 두려워하지 말고 도를 깨우치려 노력해야 한다. 오늘날 사회 대중 역시 금전만 쫓지 말고 자신의 길을 바로 세우기 바란다. 참으로 중요하고도 중요한 것이다.

천강에 비친

초근목피로 연명해도 마음은 달처럼 밝아,
한평생 무념으로 다함없이 사네.
때로 사람들이 어디에 사느냐 물으면,
녹수와 청산이 내 집이라 말하리.

木食草衣心似月 一生無念復無涯
時人若問居何處 綠水青山是我家

_당唐, 용아선사龍牙禪師

이 선시는 용아선사龍牙禪師가 자재로움을 수행하는 모습을 그린 것이다.

목식 초의 심사월 木食草衣心似月
꽃잎과 과일을 먹고 나무껍질로 옷을 지어 입어도 내 마음은 하늘에 뜬 달처럼 밝기가 그지없다.

일생무념 복무애 一生無念復無涯

나는 일생 헛되이 구하거나 따지지 않고 집착하지 않았다. 사람은 헛되이 구함이 없으면 인품이 저절로 높아지고, 망령된 생각이 없으면 편안하고 한가로워진다. 그러므로 용아선사는 참선수행으로 도를 깨친 후에 초근목피로 연명하며 자유로운 생활을 하였다. 보통사람은 매사 따지기 좋아하고 좋은 옷에 맛난 음식 먹으며, 또한 명예를 구하고 재물을 탐한다. 하지만 수도자에게 있어 초근목피는 화려한 옷과 맛난 음식보다 더 장엄하며 아름다운 것이다.

오욕과 육진 속에 살고 있는 우리는 번뇌에 사로잡혀 있지만, 장엄한 궁전에 살고 있는 천인은 온갖 즐거움을 누리며, 이승(二乘: 십법계 중 성문과 연각)인은 더할 나위 없이 청정함 속에 머문다. 부처님의 법신이 허공 어느 곳에도 머물지 않는 곳이 없으니 '응당 머무는 바 없이 마음을 낼지어다〔應無所住而生基心〕'와 같다.

시인약문거하처 時人若問居何處 녹수청산시아가 綠水青山是我家

만약 누군가 내게 어디 사느냐고 묻는다면 '녹수와 청산이 내 집이다'라고 대답할 것이다. 이것은 누군가 과거에 오염된 곳에서 살았다면 지금은 맑은 정토에 산다는 것을 비유한 것이다. 즉 과거에는 집착 속에 살았다면 지금은 탐욕이 없는 무아 속에 거한다는 것이며, 과거 번뇌 속에 살았다면 지금은 보리 속에 산다는 것이고, 과거 혼란 속에 살았다면 지금은 편안하고 조용함 속에 산다는 것이다. 우리는 과연 어디에 살고 있는지 우리 스스로에게 자문하여 보자.

신심身心이 인아人我 속에 머물고 있다가 그 인아가 존재하지 않게 된다면 어떻게 할 것인가. 시시비비에 머물고 있다면 시시비비가 어찌 편안하고 즐겁게 놔두겠는가? 만약 누군가 당신에게 어디에 머물고 있느냐고 물었을 때, 나는 보리 속에 살고 청정 속에 살며 무아 속에 거하고 무위 속에서 지낸다고 대답할 수 있으면 가장 좋을 것이다.

『금강경』에서는 '응당 머무는 바 없이 마음을 낼지어다'라고 하였는데, 그럼 사람은 어디에 머물러야 하는가? 머물지 않는 곳이 없다. 태양은 허공 가운데 머물며 의지하는 바가 없는 것처럼 보이지만 허공이 곧 그의 집인 것이다. 때로 누군가 나에게 어디에 머무느냐고 묻는다면 녹수청산이 내 집이라 대답하겠다.

천강에 비친

도를 배움은 성을 지키는 것과 같아,
밤낮없이 육적을 방어해야 하네.
장수가 명령을 내려 지휘를 잘 하면,
창과 방패 없이도 태평을 이루네.

學道猶如守禁城 晝防六賊夜惺惺
將軍主帥能行令 不用干戈定太平

_송宋, 성공묘보性空妙普

학도유여 수금성 學道猶如守禁城
공부를 하든 일을 하든 수행을 하든, 병사가 성을 수호하기 위해 밤낮없이 경계하고 시시각각 경계심을 내어 늘 적의 침략에 대비하는 것처럼 해야 한다.

서방육적야성성 書防六賊夜惺惺
불교에서는 사람의 신체를 '공취락空聚落'이라 부르는 마을에 비유한다. 이 마을에는 주인이 없는 대신 6명의 도적이 살며 하루 종일 마을 가운데인 우리 몸 안에서 분란을 일으키며 우리를 편안하지 못하게 한다.

  6명의 도적이라 함은 우리의 눈, 귀, 코, 혀, 몸, 마음이다. 눈은 늘 아름다운 것만 보려고 하고, 귀는 아름다운 소리만 들으려 하며, 코는 향기로운 것만 맡으려 하고, 몸은 편안하고 부드러운 감각을 좋아하며, 혀는 맛난 것만을 탐하고, 마음 또한 세상의 온갖 향락에 빠져든다. 눈, 귀, 코, 혀, 몸, 마음은 때때로 색色·성聲·향香·미味·촉觸·법法의 육진六塵 경계에 다가가려 한다. 하나라도 제대로 다스리지 못하면 안팎이 서로 호응하여 우리의 몸과 마음을 흔들고 어지럽힌다. 우리들은 어떻게 해야 자신의 성을 보호하고 인체라는 마을을 굳건히 수호할 수 있을까? 가장 중요한 것은 우리의 주인을 불러내는 것이며, 주인이란 우리 본래의 모습인 진여불성이다.

장군주수능행령將軍主帥能行令 불용간과정태평不用干戈定太平

군령이 바로 서야 장수와 군사들이 난을 평정하고 승리를 취할 수 있다. 마음을 바로 세우는 것 역시 수행의 중요 요소이다. 우리는 다른 사람이 내 말을 들어주지 않는다고 늘 원망하면서 어찌 자신의 말을 들으려고는 하지 않는 걸까? 마음으로는 욕심내지 않고, 성내지 않겠다고 생각하면서 여전히 욕심내고 성을 낸다. 우리는 자신의 마음이 하는 말을 가장 안 듣는다. 그러므로 마음의 역량을 더 키우려면 눈, 귀, 코, 혀, 몸이 마음의 명령을 따라, 보아야 할 때 보고, 들어야 할 때 듣고, 말해야 할 때 말하고, 행해야 할 때 행하게 해야 한다. 자신부터 존중하고 긍정적 태도로 확고한 믿음을 지켜서 발전해 나가야 하며, 흔들리는 마음과 의지 일체를 팔정도의 인생관에 의거해 생활해야 한다. 자신의 마음을 이길 수 있다면 모든 것에서 승리할 수 있다.

천강에 비친

산 아래 경작 않는 밭이 하나 있어,
노인에게 간곡히 그 연유를 물었네.
몇 차례 팔았다 다시 사들인 것은,
송죽이 불러오는 청풍이 좋아서라네.

山前一片閑田地 叉手叮嚀問祖翁
幾度賣來還自買 爲憐松竹引淸風

_송宋, 법연선사法演禪師

산전일편한전지山前一片閑田地 차수정녕문조옹叉手叮嚀問祖翁
산 아래 밭을 가리키며 한 아이가 할아버지에게 물었다.
 "할아버지, 이 조그만 밭은 누구 거예요? 왜 아무도 경작하지 않나요?"
 "아주 좋은 밭이지. 많은 사람들이 경작하겠다고 탐내 사고팔기를 수차례 하면서 주인이 계속 바뀌다 보니 이제는 오히려 아무도 경작하려 하지 않는구나."

기도매래환자매幾度賣來還自買

겉모습만 화려한 세계에서 무엇이 우리의 소유인가? 그렇지. 집, 논밭이 우리 것이다. 하지만 당신이 내게 팔고, 나는 다시 다른 사람에게 팔고, 그 사람이 또 다른 이에게 팔고, 결국 이렇게 서로 사고 팔다보면 가옥과 토지는 도대체 누구의 것이란 말인가? 진정 '몇 차례 팔았다가 다시 사들인다'와 같다.

우리들의 몸도 이와 같다. 평소 온갖 방법을 써서 아끼고 사랑하며, 건강하게 가꾸지만, 백 년이 지난 후에는 몸은 썩어지고 뼈는 부서져 가루가 되니 몸 역시 우리의 것은 아니다. 심지어 상전벽해桑田碧海, 벽해상전碧海桑田의 세계 역시 영원한 것은 아니다.

그러므로 당신이 아등바등하고, 욕심내도 결국 마지막에는 아무것도 얻지 못한다.

위련송죽인청풍爲憐松竹引淸風

'송죽이 불러오는 청풍이 좋아서라네'처럼 우리의 마음을 대자연으로 돌려 허공과 서로 어울리게 해야 한다. 우리 마음이 소나무처럼 오래도록 푸르고, 대나무처럼 강건하여 뽑히지 않게 하며, 밝은 달 맑은 바람과 오래도록 늘 함께하게 해야 한다. 이처럼만 할 수 있다면 불도와 진리 속에서 행복한 나날이 우리와 영원히 함께할 것이다.

우리는 평소 물질적인 향락 한 줄기를 늘 쫓아다니지만 산에는 봉오리가 있고, 물에도 절벽이 있음을 알아야 한다. 아무리 많은 부를 가진 사람이라도 결국 백 년을 넘기지 못한다. '아흔아홉 칸 큰 부자도 잠잘 때는 팔 척 정도면 되고, 만 마지기 논밭이 있어 매일 먹는다해도 얼마나 더 먹겠는가?'라고 하였다. 오늘의 부귀영화도 내일이면 뜬구름으로 변한다. 눈앞의 사랑도 봄버들가지, 여름 연꽃잎, 가을바람, 겨울 눈 속에 날아가 버리고 마는데 무엇이 영원토록 사그라지지 않는 빛이란 말인가? 무엇이 천 년 세월이 지나도 시들지 않는 정인가? 풀잎처럼 허망하고 덧없는 인생이니 진정 깊이 생각해 보아야 하지 않겠는가!

천강에 비친

달빛 희고 바람 맑은데 서늘한 밤은 어디에 머무는가
고요함 속에 생각이 움직이니 뜻이 잘못되네.
머리에 새가 둥지 틀고 갈대가 무릎까지 올라와도
쇠절구공이 바늘 될 때까지 돌에 갈아보려 하네.

月白風淸涼夜何 靜中思動意差訛
雲山巢頂蘆穿膝 鐵杵成針石上磨

_송宋, 할당혜원瞎堂慧遠

월백풍청 량야하月白風淸涼夜何
우리는 본래 아름답고 평화롭고 고요한 밤처럼 편안한 생활을 누리다가, 순간의 잘못된 생각으로 내가 가던 바른 길을 벗어나 다른 길로 들어서게 된다. 한 가지 일을 다 완성하기도 전에 또 다른 일을 하고 싶다는 생각이 들고, 얼마 안 가 생각이 또 바뀌어 새로운 생각을 하게 되니 더 이상 직장을 다닐 수 없고, 항상심恒常心도 사라지게 된다. 진정으로 '이 산에서 바라보니 저 산이 높은 것 같아, 막상 저 산에 올라보니 땔감이 없네'이다.

정 중사동의차와 靜中思動意差訛

때로 사람은 너무 조용하면 움직이고 싶어 하고, 힘들게 일하고 나면 다시 조용히 있고 싶어 한다. 움직임과 고요함 사이, 바쁨과 한가함 사이, 오고 감 사이, 얻음과 잃음 사이에서 편안하게 몸을 쉴 곳은 영원토록 없다. 움직임과 고요함이 하나가 되고, 오고 감이 하나가 되고, 있고 없음이 하나가 되고, 얻음과 잃음이 하나 될 수 있다면 그것이 곧 중도를 걷는 평등한 생활이자, 참으로 아름다운 생활이다.

운산소정노천슬 雲山巢頂蘆穿膝

부처님의 초기 수행 당시 까치가 머리 위에 둥지를 틀고, 마麻로 허기를 채운 정경을 묘사한 것이다. 부처님이 한결같이 움직이지 않고 참선을 하고 있을 때 움직이지 않는 사물이라 여긴 새가 머리 위에 둥지를 틀었고, 그 옆에는 갈대가 나날이 자라 부처님의 무릎 아래로 줄기를 길게 뻗었으니, 이 얼마나 정정定靜한 모습인가!

　부처님은 이처럼 편안하게 머물며 망령되이 움직이지 않을 수 있었기에 선정 속 더할 나위 없는 고요와 자유에 들 수 있었고, 우주 진리와 하나 되어 도를 깨달았던 것이다. 우리도 부처님의 굳건한 의지를 본받아 지금의 지위와 업무에서 최선을 다해야 한다. 지위가 있다고 해서 남을 우습게 봐서는 안 된다. 일은 신성한 것이며 봉사는 위대한 것이다. 택시를 운전하든 식당에서 음식을 나르든 마음을 다해 봉사하고, 다른 이를 위해 기꺼이 봉사한다면 이 모두가 무척 의미 있는 일이다. 이기심으로 다른 사람을 밟고 올라가는 것은 비겁자이며, 다른 이를 위해 희생하고 봉사하는 것이야말로 위대한 사람이다.

철저성침석상마鐵杵成針石上磨

위대한 사람이 되기 위해서는 반드시 번뇌와 고통을 참고 늘 안주함을 염두에 두어야 한다. '쇠절구공이가 바늘이 될 때까지 돌에 갈겠다'라는 생각으로 아름답고 높은 산꼭대기에 우뚝 서는 첫 번째 인간이 되기를 스스로 결심해 보다.

천강에 비친

파리가 빛을 쫓아 창호지 위를 뚫으려 해도,
나갈 곳을 몰라 헤매네.
우연히 들어온 길 다시 찾고 나니,
평생 눈에 속았음을 처음 알았네.

蠅愛尋光紙上鑽 不能透處幾多難
忽然撞著來時路 始覺平生被眼瞞

_송宋, 백운수단白雲守端

승애심광지상찬蠅愛尋光紙上鑽 불능투처기다난不能透處幾多難
파리는 늘 불빛이 밝게 비추는 곳으로 날아가려 한다. 창문이 창호지로 막혀 있어 날아가지 못하고, 뚫고 나가려 그 주위를 계속 맴돌며 이리저리 왔다 갔다 하느라 고생이 이만저만 아니다.

홀연당저래시로忽然撞著來時路
처음 날아 들어 왔던 구멍을 찾으니 순식간에 쏙 날아가 버린다.

시각평생피안만始覺平生被眼瞞

빛을 보면 출구라고 생각하지만, 눈에게 속았다는 것을 그제야 알게 된다. 출구를 찾고자 이리저리 헤매며 얼마나 많은 시간을 낭비하였던가. 인생이라는 길 또한 내재된 힘과 지혜에 의해서 찾을 수 있다.

당나라 때 부용산芙蓉山에 머물던 고령선사古靈禪師는 백장선사百丈禪師에게 도를 배워 깨달음을 얻은 뒤 고향으로 돌아가 아직 깨달음을 얻지 못한 스승에게 가끔 말 속에 뜻을 심어 깨우침을 주었다고 한다. 한 번은 스승이 경전을 보고 있을 때 창문에 파리 한 마리가 헛되이 날며 파득거리는 걸 보고 그가 혼잣말처럼 중얼거렸다.

"세상은 이처럼 광활하건만 너는 어찌 날아가려 하지 않고 종이만 뚫으려 하느냐?"

스승이 손에 들고 있던 경전을 내려놓으며 고령선사를 바라보자, 고령선사가 다시 말하였다.

"불문을 나가려 하지 않고 창문으로만 뛰어드는 것도 무척 어리석다. 백 년을 오래된 종이만 뚫은들 어느 때에야 나갈 수 있겠느냐?"

말 속에 스승을 깨우치려는 암시를 담고 있다.

'어찌 마음에서부터 노력하려 하지 않고, 자신이 가진 진여불성을 깨달으려 하지 않으십니까? 진정한 자신을 찾으려면 경전에 나온 문자에서만 지식을 구함은 아무런 쓸모가 없습니다. 경전의 문자로 어찌 도를 깨우칠 수 있습니까? 마음이 있어야 도를 깨우칠 수 있는 것입니다.'

고령선사의 말을 이해하지 못한 스승이 경전을 내려놓으며 물었다.

"자네 혹시 이미 깨달음을 얻은 것인가?"

고령선사가 대답했다.

"제자는 백장선사에게서 이미 깨달음을 얻었습니다."

그러자 스승은 그를 상석으로 모시며 설법을 청했다. 고령선사는 다음 한마디만을 말했다.

백천 가지 법문은 오로지 마음에 있고,
강가 모래처럼 수많은 아름다운 공덕도 오로지 마음에 있다.
百千法門只在方寸 河沙妙德總在心源

우리는 몸 밖에서 불법을 찾느라 급급하지 말아야 하며 마음속에 있는 무한한 보물을 캐내어야 한다. 백천 가지 되는 법문은 다만 우리의 마음에 있으며, 강가의 모래처럼 수많은 공덕 역시 우리 마음 깊은 곳에서 찾을 수 있을 것이다.

천강에 비친

봄에는 백화, 가을에는 달이 휘영청!
여름엔 청량한 바람, 겨울엔 눈이 있다네.
덧없는 일 맘에 담지 않는다면,
인간 세상도 좋은 시절이라네.

春有百花秋有月 夏有凉風冬有雪
若無閒事掛心頭 便是人間好時節

_송宋, 무문혜개無門慧開

이 선시는 무문 혜개선사가 쓴 것으로 사람으로서 어떻게 처세해야 하고, 어떻게 안신입명安身立命해야 하는지에 대해 좋은 깨달음을 주는 시이다.

춘유백화추유월春有百花秋有月 하유량풍동유설夏有凉風冬有雪
봄에는 온갖 꽃이 피어나고 가을날의 달빛은 더욱 밝고 맑다.

하유량풍동유설 夏有凉風冬有雪

여름에는 서늘한 바람이 살랑살랑 불어오고, 겨울에는 흰 눈이 펑펑 날린다. 봄, 여름, 가을, 겨울 사계절이 분명하게 돌아가는 것이 인간의 생로병사 과정과 많이 닮았다.

현실생활에서 우리는 쓰고 달고 매운 나날들을 오랫동안 보내오고 있다. 우리가 생로병사의 무상함과 영욕榮辱의 생활의 좋고 나쁨을 마음에 담지 않는다면 그것이 곧 인간세상에서 가장 좋은 시절일 것이다.

인간은 비옥한 땅을 많이 소유하거나 아흔아홉 칸의 고대광실 같은 저택을 소유해야지만 즐겁고 만족스러울 수 있는 존재는 아니다. 진정한 즐거움이란 마음속에 지혜가 있고, 마음속에 아무런 걸림돌이 없는 것이다. 돈과 재물이 아무리 많고, 지위와 명성이 높다 하여도 타인과의 걸림돌이 많고 시시비비가 자주 일며, 명성과 이익에 매달려 아등바등하고, 집안일, 나랏일, 고민거리가 너무 많다면 마음속 부담감이 너무 심할 것이다. 재물이 많아지고 명성과 지위가 더 높아질수록 더욱 내려놓기 어렵게 되니 그게 무슨 의미가 있겠는가?

공부하는 학생에게 부담이 지나치게 크면 견디기 힘들 것이고, 과중한 업무에 시달리는 공무원은 그 부담감 때문에 숨조차 제대로 쉴 수 없을 것이다. 우리는 무거울 때 내려놓고 가벼울 때 드는 마음가짐을 배워 마음속 부담을 줄여나가야 비로소 편안하고 자유로울 수 있으며, 인생의 진정한 의미를 깨달을 수 있다.

약무한사괘심두若無閒事掛心頭 편시인간호시절便是人間好時節

그러므로 '덧없는 일 맘에 담지 않는다면, 인간 세상도 좋은 시절이라네'라고 하였다. 인간세상에서 가장 좋은 시절은 언제일까? 그저 우리 마음이 좋다면 모든 것이 좋게 보일 것이다. 부모님이 나를 사랑하시고, 자녀가 내게 효도하고, 친구도 나를 잘 대해 주고, 다른 사람이 당신에게 잘해준다고 느끼면 당신도 자연스럽게 다른 사람에게 잘 대해 줄 것이다. 당신이 좋은 일이라고 느끼면 일을 하면서도 마음먹은 대로 순조롭게 진행될 것이고, 경치가 아름답다고 느끼면 길을 걸어가거나 의자에 누워도 모든 것이 아름답게 여겨질 것이다. 진실로 '마음에 걸림이 없으면 침대 하나도 넓게 보이고, 눈에 먼지가 끼면 삼천대천세계도 좁게 보인다〔心中無事一床寬 眼內有沙三界窄〕'는 것과 같다.

오로지 세상이 살기 좋아지고, 환경이 더욱 나아지고, 친구가 내게 잘 대해 주기만을 바라는 것은 소용없는 것이며, 자신이 먼저 잘 해 주어야 하고 마음을 좋게 가져야만 세상이 모두 아름답게 느껴질 것이다. 좋은 일을 하고 좋은 사람을 사귀며, 좋은 말만 하고 나쁜 것이 하나도 없다면 인간세상의 가장 좋은 시절 아니겠는가!

천강에 비친

공양하고 나니 발우 씻으라 하매,
문득 마음에 떠오르는 바 있네.
지금 배불리 먹으며 총림의 손님인 당신,
도 닦으며 그 사이 깨달음 얻었는가?

粥罷教令洗鉢盂 豁然心地自相符
而今餐飽叢林客 且道其間有悟無

_송宋, 천동정각天童正覺

죽파교령세발우粥罷教令洗鉢盂 활연심지자상부豁然心地自相符
과거 어떤 선사들이 도를 배우고자 여기저기 안거하러 다닐 때 스승은 그들에게 부처님의 가르침을 강연하지 않고 늘 울력만 시켰다.
  천황天皇 도오선사道悟禪師는 학인승들이 도를 배우고자 찾아오면 늘 그들에게 "가서 마당을 쓸어라", "가서 설거지해라", "가서 밥 지어라" 등등 울력을 시켰다고 한다. 도를 배우고자 온 자신들에게 선禪의 진리를 가르쳐주지 않고 왜 잡일만 시키는지 선사의 가르침

119

을 이해하지 못했던 학인승들이 무척 많았고, 선사에게 작별을 고하고 떠나가는 제자들도 더러 있었다.

천황선사가 떠나는 제자에게 물었다.

"왜 떠나려 하느냐? 내 곁에 있어도 좋지 않으냐?"

"스승님께서는 지금까지 부처님의 가르침을 설법해 주지 않으시니 다른 곳에 가서 가르침을 구할 수밖에요."

"이것 참 억울하구나. 매일 네가 차를 가져오면 내가 마시고, 네가 밥을 지어오면 내가 먹고, 네가 나한테 합장하면 내 너에게 고개를 끄덕여주지 않았니. 내 너에게 설법하지 않은 때가 없는데, 너는 어찌 그토록 나를 오해하느냐?"

조과선사鳥窠禪師를 시봉한 지 16년 된 제자가 하루는 선사에게 다른 곳에 가서 불법을 배우겠다며 휴가를 청했다. 조과선사가 물었다.

"이곳에서도 배울 수 있거늘, 불법을 배우러 굳이 다른 곳으로 갈 필요가 뭐 있느냐?"

"16년 동안 설법하시는 걸 들은 적이 한 번도 없는데, 선사님의 가르침은 어디에 있다는 겁니까?"

조과선사가 옷에 있던 보푸라기를 한 줌 잡아들고 말했다.

"이게 부처님의 가르침 아니냐?"

제자는 그제서야 문득 깨달음을 얻었다.

보푸라기 한 줌은 아무렇게나 잡는다고 잡혀진 것이 아니라, 16

년 동안 고행을 통해 쌓인 경험인 것이다.

이금찬포총림객而今餐飽叢林客 **차도기간유오무**且道基間有悟無
현대 일부 젊은이들의 가장 큰 단점은 항상심과 끈기가 없고 귀찮아 하는 것이니 도를 배우면서도 시험을 이겨내지 못하는 것이다.
　'도道'는 곧 평상심이며, 일상생활 속에서 얻어지는 것이다. 고심하며 염두에 둘 필요도 없고 속성으로 구하려 들지도 말아야 한다. 그저 항상심을 지니며 자비와 감사의 마음을 가지고 더욱 참선하고 도를 배우면, 문득 깨달음의 경지가 당신 눈앞에 펼쳐질 것이다.

천강에 비친

이 세상에 백 세 넘게 산 사람 없으니,
백 년 뒤면 무덤에서 먼지가 되네.
내가 올해 여든 하고도 셋이니,
스스로 시 지어 이 몸 보내려 하네.

舉世應無百歲人 百年終作塚中塵
余今八十有三歲 自作詩歌送此身

_송宋, 종연법사宗淵法師

자신이 세상 떠날 때를 예견하신 종연법사가 '죽은 다음 제문 읽고, 조문하고, 장례 치르느라 사람들을 힘들게 할 필요가 뭐가 있을까? 차라리 내가 직접 시를 지어 나 자신을 보내야겠다'고 생각해서 쓴 게송이다.

거세응무백세인舉世應無百歲人
세상에 100세 넘게 산 사람은 극히 적다. 두보의 '곡강曲江'이란 시에는 '인생칠십고래희人生七十古來稀'란 구절이 있다. 예로부터 칠십 세 이상 산 사람은 많지 않았지만 칠십 세라는 것도 온전하게 존재하는 시간을 나타낸 것은 아니다. 그렇기에 70년 중 처음 10년은 너무 어려서 제외하고, 마지막 10년은 너무 노쇠하여 제외하고 중간의 50년 정도가 온전한 시간이라고 말하는 이도 있다. 하지만 그마저도 반은 잠을 자면서 보내버린다. 겨우 수십 년밖에 안 되는 인생에서 밥 먹는 시간, 씻는 시간, 화장실 가는 시간 다 제외하고 나면 남은 인생의 시간은 얼마나 되는가? 꼽아보면 인생이란 지극히 짧다.

백년종작총중진百年終作塚中塵

백 세까지 살았다 해도 백 년 후에는 여전히 죽음이 기다리고 있다.

한漢나라 광무제光武帝 유수劉秀와 엄자릉嚴子陵은 무척 가까운 사이였다. 엄자릉은 유수보다 더 총명하고 뛰어난 재주를 가졌으면서도, 결국에는 유수가 황제가 되어 자신의 맘대로 뜻을 펼치게 해주었다. 소위 '아내를 얻는다면 아름답기로 소문난 음려화를 얻고, 관리가 된다면 위풍당당한 집금오가 되겠다〔聚妻當得陰麗華 爲官當做執金吾〕'라는 말이 이때 나오게 되었다. 십여 년 후 유수가 세상을 떠나고 엄자릉이 그의 묘에서 제를 지내면서 이렇게 말했다.

　　사랑이라면 당신은 승자고 나는 패자요
　　정치 역시 당신은 승자고 나는 패자요
　　하지만 승자든 패자든 우리는 결국 무덤 안에서

한 번 가면 다시 오지 않을 깊은 잠을 자는 것은 매한가지 아닌가.

세상에서 누리던 부귀영화는 가지고 갈 수 없으며, 각별히 받은 사랑도 가져갈 수 없다. 업장만이 오로지 몸 따라 가며 사라지지 않는다. 그러므로 지금 바로 선을 행하고 선업을 쌓는 것이 중요하다.

여금팔십유삼세余今八十有三歲 자작시가송차신自作詩歌送此身
올해 83세가 된 나는 세인들이 내 장례를 치르기 위해 애쓰는 것을 면케 하고자 이 시를 지어 나를 보낸다. 종연법사의 소탈함과 해학, 그리고 삶과 죽음에 대한 해탈이 얼마나 유유자적한가. 세상에는 어찌할 도리가 없는 일도 무수히 많지만 세속적이지 않고 유머러스하며 자유로운 선사들의 생활 모습 속에 봄눈 녹듯, 연기처럼 사라진다.

천강에 비친

조그맣고 네모난 연못 하나 거울처럼 열리니,
햇빛과 구름이 함께 노니네.
어찌 이리 맑은가 물었더니,
수원의 맑은 물 흘러오기 때문이라네.

半畝方塘一鑑開 天光雲影共徘徊
問渠哪能淸如許 爲有源頭活水來
_송宋, 주희朱熹

반무방당일감개半畝方塘一鑑開 천광운영공배회天光雲影共徘徊
네모난 연못 수면 위에 햇빛, 달그림자, 구름 등이 하나씩 모습을 비추어낸다.『화엄경』에는 다음과 같은 게송이 있다.

보살의 청량한 달은 어디서나 늘 비추니라.
중생의 마음이 티끌 없이 맑으면 보리의 달이 나타난다네.
菩薩淸凉月 常遊畢竟空

衆生心垢淨 菩提月現前

　보살은 마치 하늘의 달처럼 높디높은 허공에 걸려 있어, 중생의 마음속 호수(心湖)의 물이 청정하고 먼지가 쌓이지 않았다면 보리의 달빛이 모습을 비출 것이라는 의미이다. 만약 중생의 마음이 청정하지 않고 인품에 때가 껴 더럽다면 밝은 빛은 모습을 드러내지 않을 것이며 불성도 나타나지 않을 것이다.

문거나능청여허 問渠哪能淸如許
　그렇다면 수도하는 사람의 심호心湖는 어찌 그리 청정할까? 사람 마음이 연못의 물과 같아서 본래는 청정하지만 번뇌와 무명이 일으키는 바람에 의해 물결이 일렁이게 되어 청정한 물의 성질을 오염시키기 때문이다. 육조 혜능대사惠能大師는 깨달음을 얻고서 이렇게 말했다.
　"자성自性이 본래 청정한 줄 어찌 알았으며, 자성이 본래 생멸하지 않음을 어찌 알았으며, 자성이 본래 동요하지 않음을 어찌 알았으며, 자성이 본래 일체 만법을 만들어낼 수 있음을 어찌 알았으리요?"
　바로 이러한 도리이다. 우리의 진여자성인 마음의 바다는 본래부터 청정하다.

위유원 두활수래 爲有源頭活水來
　나무에는 뿌리가 있고, 물에는 근원이 있는 것과 같이 마음의 본원

本源이 청정하고 끊임없이 청정수가 흘러나오게 한다면 연못의 물은 영원히 청정함을 유지할 것이다. 우리 마음속 활수活水란 무엇인가? 반야지혜, 즉 마음속 자비이며, 마음속 청정이며, 마음속 보리이며, 마음속 참회이며, 마음속 부끄러움이며, 마음속 신앙이며, 마음속 선정이다. 마음속에 지혜, 자비, 청정, 보리, 참회, 선정, 신앙 등이 항상 끊임없이 흘러나오게 한다면 당신의 마음속 바다는 무척 청정하고 아름다울 것이다. 자연히 햇빛과 구름이 함께 노닐며, 자연스럽고 자유로운 분위기가 생겨날 것이다.

천 강에 비친

수년 동안 전장에서 격렬한 전투를 펼치니,
누가 그 공로를 헤아릴 수 있겠는가.
온 세상의 전쟁이 멈춘 다음,
꽃 밟고 돌아가는 말발굽 소리 향기롭도다.

幾年鏖戰歷沙場 汗馬功高孰可量
四海狼煙今已熄 踏花歸去馬蹄香
_송宋, 절옹여염浙翁如琰

이 게송은 수도자가 번뇌와 싸움을 벌이며 마장魔障을 극복하는 모습을 형용한 것이다. 우리는 수도자들이 모두 현실도피를 하고 있다고 여겨서는 안 된다. 그와 정반대로 수도하는 삶은 무척 적극적이고, 힘든 여정이다.

기년오전역사장幾年鏖戰歷沙場
우리는 매일 마음 속 탐진치貪瞋痴라는 번뇌의 마군과 전쟁을 벌인다. 사람에게 가장 크고 가장 근본적인 번뇌는 바로 아집我執이다. 아집은 대장군처럼 3개의 군단을 거느린다. 제1군단의 사령관은 탐욕이고, 제2군단의 사령관은 성냄이며, 제3군단의 사령관은 어리석음이다. 탐진치라는 3개 군단 휘하에는 8만 4천이나 되는 번뇌라는 마군이 존재한다.

수행자들은 이 번뇌마군과는 공존하지 못하므로 매일매일 생사를 건 혈투를 벌인다. 그러므로 '수년 동안 전쟁터에서 격렬한 전투를 펼치니'라고 한 것이다. 수많은 전쟁을 치르는 동안 탐욕과 번뇌를 정복했다면 응당 깨달음을 얻게 될 것이지만, 번뇌라는 마군이 당신을 정복했다면 시시비비와 어리석음이 끝없이 펼쳐진 괴로움의 바다 가운데서 다시 생사의 굴레를 헤매게 될 것이다.

한마공고숙가량汗馬功高孰可量

그렇다면 수도자는 마음속에서 어떻게 번뇌라는 마군을 정복할 수 있을까? 기꺼이 나눠주는 마음으로 탐욕을 치유하며, 자비의 마음으로 성내고 원망함을 대항하며, 지혜의 마음으로 어리석음을 대항한다. 또한 계정혜戒定慧를 열심히 수행하여 탐진치를 멸해야 한다. 만약 번뇌라는 마군을 하나하나 정복했다면 참으로 '그 공로를 누가 헤아릴 수 있는가'처럼 그 공은 가히 헤아릴 수 없을 것이다.

사해랑연금이식四海狼煙今已熄

선사들은 도를 깨우치면 마음과 정신이 맑고 밝아지며, 사해의 봉화가 모두 사라지듯이 눈은 아무거나 보지 않고, 귀는 아무거나 듣지 않으며, 손은 함부로 살생하지 않고, 입은 망령되이 말하지 않고 아름다운 말만 하니 응당 더 이상 업장을 짓지 않게 된다고 한다.

답화귀거 마제향 踏花歸去 馬蹄香

이때가 되면 마치 고향에 돌아온 듯, 인생의 안식처를 찾은 듯 말발굽 소리도 경쾌하다. 고향 찾아가는 길 내내 맑고 아름다운 꽃잎이 흐드러지게 날리고 말발굽까지도 향을 머금은 듯하다. 도를 깨우친 이후에는 내뱉는 말조차 향기 가득하고 세상 모든 만물이 아름답고 선하게 보인다. 인생이 갑자기 저 멀리 아득하고, 마음은 우주처럼 끝이 없으며, 세상은 더할 나위 없이 편안하게 느껴진다.

천강에 비친

손에 칼과 자 들고 사방을 다니고,
실과 바늘 오고 가니 날마다 바쁘네.
남의 장단점은 잘 헤아리면서,
내 집 장단점은 언제나 헤아리려나.

手攜刀尺走諸方 線去鍼來日日忙
量盡別人長與短 自家長短幾時量

_송宋, 석옥청공石屋淸珙

매일 이 집은 어떻고 저 집은 어떻고 떠들거나, 이건 옳고 저건 그르다거나, 이건 좋고 저건 나쁘다고 비평을 늘어놓는 사람들이 있다. 하지만 자신을 어떻게 가늠해야 할지를 모르니 남의 말을 할 입은 있어도 자신을 말할 입은 없는 것과 같다.

수휴도척 주제방手攜刀尺走諸方 선거침래일일망線去鍼來日日忙
재봉사는 손에 칼과 자를 들고 각지를 돌아다니며 실과 바늘로 다른

131

사람의 옷을 지으니 실로 '실과 바늘 오고 가니 날마다 바쁘다'이다. 우리는 재봉사는 아니지만 매일 누군가를 위해 고생을 하고 또 누군가를 위해 바쁘게 지내지 않을 수 없다. 이러한 바쁨은 다른 것과 비교하느라, 이것저것을 분별하느라, 타인과 나를 구분하느라 바쁜 것이므로, 아무리 바쁘게 뛰어다녀도 아무런 성과를 낼 수가 없다.

조사祖師이신 승찬대사僧璨大師께서 말한 '지극한 도는 어렵지 않으니 오직 가리고 선택함을 꺼릴 뿐이다. 다만 미워하고 사랑하지 않으면 단박에 오롯이 알게 되리라〔至道無難 唯嫌揀擇 但莫憎愛 洞然明白〕'라는 게송처럼 분별심이 없고, 따지지 않고, 애증이 존재치 않는다면 좀 더 쉽고 자세하게 자신의 면모를 보게 될 것이다. 일단 애증의 마음이 생기면 '사랑하면 그가 살기를 바라고, 미워하면 그가 죽기를 바란다〔愛之欲其生 惡之欲其死〕'는 마음 상태가 되고, 심지어 '나를 따르면 흥하고, 나를 따르지 않으면 망한다'는 편견이 생기게 되니 참으로 무서운 일이다.

량진별인장여 단량盡別人長與短 자가장단기시량自家長短幾時量
사람은 남의 장단점과 빈부 귀천, 남의 아름다움과 추함, 좋고 나쁨, 옳고 그름은 잘 헤아린다. 이것저것 따지면서도 가난을 싫어하고 부를 좋아하여 인연을 만들어가려고 애쓰면서도 자신을 헤아려 볼 줄 모른다. 두 눈이 다른 사람만을 지켜볼 뿐 자신을 보지 못하는 것이다.

우리가 남을 책망하는 마음으로 자신을 엄히 책망하고 자신을 용서하는 마음으로 타인을 너그러이 용서하고, 내 집의 보물이 얼마나 가치가 있는지 돌아본다면 인생의 수많은 위험과 난관들을 피해갈 수 있을 것이다.

　내 집의 장·단점은 언제 따져 보려는가? 늘 자신에게 되묻기를 게을리 하지 말라.

천강에 비친

만 길 절벽 푸른 하늘에 기대어 있어,
인간세상으로 가는 길 있어도 지날 수 없네.
한 점 구름은 어떻게 막힘없이 나아가나?
자유롭고 재빠른 움직임 바람과 같다.

萬丈洪崖倚碧空 人間有路不能通
奈何一點雲無礙 舒卷縱橫疾似風

_송宋, 도솔종열兜率從悅

세상에는 수많은 구속과 장애가 있어 길을 걸어도 지나다닐 수 없고 일을 처리해도 제대로 할 수 없게 만드는 일이 많다. 제대로 다닐 수도 없고 일처리도 힘든 세상에서 어떻게 하면 출구를 찾을 수 있을까, 또한 수행하는 사람은 어떻게 번뇌라는 관문을 뚫고 나올 수 있을까라는 질문을 던지고 있다.

만장홍애의벽공萬丈洪崖倚碧空 인간유로불능통人間有路不能通

인생은 마치 만 길 높이의 깎아지른 절벽 끝을 걷는 것과 같다. 아래는 바닥이 보이지 않는 천 길 낭떠러지요, 위는 푸른 하늘이 끝없이 펼쳐져 있으니 위아래 어느 곳도 기댈 데가 없다. 사람으로서 살아가는 것 역시 이와 같다. 인정에 얽매인 길을 벗어나지 못하고, 금전의 속박을 벗어버릴 수 없으며, 시시비비의 울타리 속에서 방향을 잃고 분간하지 못한다. 심지어 법률, 진리, 공의公義의 길조차도 순탄하지 못함을 망연히 느끼게 된다. 나는 세상이 평화롭게 공존하지 못하고 늘 전쟁이 끊이지 않는 것을 이해할 수 없다. 왜 모두 서로 다투며 사리사욕만을 채우려 드는 걸까?

내하일점운무애奈何一點雲無礙

우리는 끊임없이 자신에게 되물어야 한다. 자유가 좋은가, 독단이 좋은가? 민주주의가 좋은가, 전체주의가 좋은가? 행복이 좋은가, 번뇌가 좋은가? 봄이 좋은가, 겨울이 좋은가? 남을 존중하는 것이 좋은가, 증오하는 것이 좋은가? 대답은 너무도 자명하다. 왜 자신을 속박하고, 다툼을 벌이며, 가로막는 것일까? 길은 본래 통하게 되어 있다. 하지만 사람 스스로 한계를 정해 앞으로 나아가지도 다시 돌아가지도 몸을 돌릴 수도 없게 하였으니 자연 통하지 않게 된 것이다. 그러므로 "한 점 구름은 어찌 막힘없이 나아가나〔奈何一點雲無礙〕"라고 물은 것이니 참으로 방법이 없다.

서권 종횡 질사풍 舒卷縱橫疾似風

때로 이러한 인위적인 먹구름으로 인해 하늘이 가려지게 되어 사회와 국가는 밝은 햇빛이 있는 곳을 알지 못하는 것처럼, 우리도 세상을 살아가면서 인정과 사심에 속박 당해 해탈로 가는 길이 어디인지를 알지 못한다. 우리는 더더욱 끊임없이 화두를 들어야 한다. 인생의 아름답고 원만한 행복은 어디에 있는가? 사회의 안녕과 즐거움, 그리고 이익은 어디에 있는가? 당신의 조그마한 성과도 다른 사람의 질시와 방해를 받게 될 수 있고, 그로 인해 온갖 골칫거리가 생길 수도 있다. 만약 '자유롭고 재빠른 움직임 바람과 같다'처럼 마음먹은 대로 소요하며 자유롭게 인연 따라 구애받지 않는다면 이것이야말로 진정 귀한 생활이라 할 것이다.

천강에 비친

날이 밝으니 오늘 약속이 떠오르네.
산문 나서며 지팡이 짚고 다시 생각한다.
승려는 산중에 머무는 것이 마땅하니,
대신의 연회에 참석함은 마땅치 않네.

明日曾將今日期 出門倚杖又思惟
爲僧祇合居岩谷 國士筵中甚不宜

_송宋, 정토유정淨土惟正

명일증장금일기明日曾將今日期 출문의장우사유出門倚杖又思惟
유정선사는 집에서 공양을 초대하고 싶다는 조정대신의 간곡한 청을 거절할 수 없어 승낙을 하고 말았다. 다음날이 되자 조금 후회가 된 선사가 이 선시를 써서 심부름하는 사람에게 대신 전해 달라 했다. '오늘 댁을 방문하기로 약속했지만 문을 나서려다 죽장 짚고 재삼 생각해보니 승려는 산중에 머무는 것이 마땅하다는 느낌이 들었다. 출가인은 진실로 깊은 산 숲이 우거지고 계곡물 흐르는 바위 사이에 머무는 것이 가장 합당하니 나라의 대신이 여는 연회에 참석함은 참으로 맞지 않다고 여긴다'는 의미이다.

홀로 거처하는 비구승이 있는가 하면 사람 사이에 머무는 비구승도 있는 것처럼 출가인도 출가인의 성격이 있다. 중생 가운데 머무는 비구승은 당연히 입세간入世間하여 홍법이생弘法利生을 펼치고, 중생을 제도하는 활동을 많이 펼치니 군중을 떠나지 못한다. 천성적으로 홀로 머물기를 좋아하고 깊은 산 속에서 수행하는 것이 몸에 밴 출가자를 일러 독주獨住 비구승이라 한다.

불교에 다음과 같은 말이 있다.

사물을 꿰뚫지 못하면, 폐관하지 말라〔不破參 不閉關〕.

번뇌와 무명이 사라지지 않고 마음이 평온하지 않은 사람은 폐관해서는 안 된다는 말이다.

깨달음을 얻지 못하면, 산에 머물지 말라〔不開悟 不住山〕.

깨달음을 얻는 것이 목적이 아닌 사람은 산속에서 홀로 머물러서는 안 된다는 말이다.

위승기합거암곡爲僧祇合居岩谷 국사연중심불의國士筵中甚不宜
홀로 머무는 비구승이 심산에서 홀로 수행하는 것도 쉬운 일은 아니다. 사람 사이에 머무는 비구승 역시 홍법이생을 위해 갖가지 학문, 도덕 등의 홍법 능력을 두루 갖춰야 하니 천금의 무게를 어깨에 짊어진 것과 같아 이 또한 쉬운 것이 아니다.

유정선사는 홀로 머무는 비구승에 속한다. 동진東晉시대의 혜원대사慧遠大師는 노산盧山에서 30년 간 내려오지 않았고, 당나라 혜충국사慧忠國師는 10년이나 산문 밖으로 나오지 않았다. 이러한 고승대덕의 홀로 수행하는 풍모는 실로 귀하다 하겠다. 그러나 불교는 중생을 제도하기 위해 사회에서 홍법을 펼칠 책임이 있기에 사람 사이에 머무는 비구승의 희생과 공헌이 더욱 크다 하겠다. 그러므로 우리는 홀로 수행하는 출가자이든 홍법이생을 실천하는 출가자이든 출가하여 수행하는 출가자는 똑같이 존경으로 대해야 하며, 누구는 좋고 누구는 나쁘다고 여기지 말아야 한다. 개인적 성격이 다를 뿐 사실 같은 것이다.

이 선시는 출가인의 숭고한 풍모에 대해 잘 묘사하고 있다.

천강에 비친

한 해 봄 다 지나가니 또 봄 찾아오고,
산과 들의 꽃도 피고 지기 수차례,
종과 북 울리지 않아도 날은 밝아오고,
밤에 다니는 이 없어도 달은 밝게 비추네!

一年春盡一年春 野草山花幾度新
天曉不因鐘鼓動 月明非爲夜行人

_송宋, 운개지본雲蓋智本

대자연의 사계절 변화와 일월日月의 순환 모두 지극히 자연스럽다. 우리는 이러한 자연을 통해 생명을 느껴야 하고, 분별심分別心을 내지 말며, 정직하고 평상심과 무상, 무아의 마음가짐으로 세상의 사물을 대해야 한다.

일년 춘진 일년 춘一年春盡一年春
봄이 지나고 나면 다음에 또 다른 봄이 다시 찾아온다.

야초산화기 도신野草山花幾度新

봄이 오면 풀은 파릇파릇 자라나고 꽃은 활짝 피어난다. 문필가 주자청은 "기러기 가면 다시 올 때가 있고, 버들잎 시들면 다시 푸를 때가 있다. 총명한 이여, 우리의 시간은 어찌하여 한 번 가면 다시 오지 않는가?"라고 하였다. 옳은 말이다. 봄은 가도 다시 올 것이다. 꽃이 시들고 풀이 말라 죽어도 언젠가 다시 푸르게 될 날이 있다. 하지만 우리네 인생은 한 번 가면 다시 오지 않으니 이는 어떻게 설명할 것인가?

천효불인 종고동天曉不因鐘鼓動

날이 밝았다. 종과 북을 쳐야 날이 밝는 것이 아니며 종과 북을 치지 않아도 날은 언제나 밝아온다. 이것은 자연적으로 이렇게 되는 것이다. 원한다거나 고의로 만들어서 되는 것도 아니고, 그 외의 어떠한 영향을 받아서 되는 것도 아니다. 당신이 이씨든, 김씨든, 박씨든 상관없이, 소이든 말이든 양이든 어떤 가축이든 상관없이 모두 오취육도에서 윤회해야만 한다. 가장 중요한 점은 봄이 가면 다시 오고, 꽃이 시들어도 다시 피는 것과 같이 불성佛性은 변하지 않는다는 것이다. 언젠가 당신이 삼계三界를 뚫고 나가 자신의 고향을 찾는다면 더 이상 오취육도에서 윤회하지 않아도 된다. 그러므로 날이 밝는 것은 북과 종을 친 결과로 얻어지는 것은 아니다.

월명비위야행인 月明非爲夜行人

밤에 다니는 사람이 없어도 달은 여전히 밝게 비춘다. 우리의 진여 불성 또한 달과 같다. 길에 다니는 사람은 없지만 밝은 달은 하늘에 머물면서 여전히 밝게 비추고 있다. 그러므로 생명은 죽어 없어지지 않는다는 믿음을 꼭 가져야 한다.

천강에 비친

가축의 몸으로 세상에 나왔지만,
우담바라 꽃처럼 불 속이라도 꽃 피우리.
번뇌의 바다 가운데에 감로수 되고,
무명산 위에 천둥되어 깨달음 주리라.

披毛戴角世間來 優鉢羅花火裡開
煩惱海中爲雨露 無明山上作雲雷

_송宋, 동안상찰同安常察

사람은 더러운 진흙 속에서 피어나지만 오염되지 않은 연꽃처럼, 불에 달구어지지만 더욱 광택이 흐르는 황금처럼, 지옥에서도 중생을 제도하겠다고 서원하신 지장보살처럼, 살면서 오탁(五濁; 즉 겁탁劫濁, 견탁見濁, 번뇌탁煩惱濁, 중생탁衆生濁, 명탁命濁)으로 가득한 세상에서 오염되기를 원치 않는다. 도를 이룬 사람은 왁자지껄한 곳도 도량처럼 여길 수 있다. 사람은 자신의 신세를 한탄하거나 처한 환경을 원망하지 말아야 한다. 모든 것은 사람이 만들어내는 것이니 마음만 있다면 원하는 바를 이루지 못할까 두려워할 필요가 없다.

피모대각세간래披毛戴角世間來
보리심을 가진 사람, 보살서원을 한 사람은 짐승의 몸으로 세상에 온다 해도 두려워해서는 안 된다. '자신의 안락함을 구하지 않고, 오로지 중생이 고통에서 벗어나기만을 서원한다〔但願衆生得離苦 不爲自己求安樂〕'고 하였다.

우발라화화리개優鉢羅花火裡開
맑은 향기를 머금고 아름다우며 무척 부드러운 꽃인 우담바라는 인도에서 나며, 난초처럼 심산유곡에서 자란다. 화염 속에 있다 해도 우담바라는 두려워하지 않는다. 참선이 어찌 산수 좋은 곳에서만 가능하겠는가? 마음속의 화마를 없애면 자연 시원스러워지는 것을!

번뇌해중위우로煩惱海中爲雨露
번뇌의 바다에 놓이면 감로수를 찾듯, 우리는 중생과 만물을 위해 비와 이슬이 되어야 한다. 번뇌도 시시비비도 두려워 말아라. 진실된 마음이 사라지지만 않으면 오탁으로 가득한 세상에서 성불하신 석가모니 부처님처럼 어디에서든 불도를 이룰 수 있다.

무명산상작운뢰無明山上作雲雷
무명산은 번뇌를 비유한 것이다. 번뇌는 높은 산과 같아 깎을 수도 없고 파서 평평하게 만들 수도 없다. 무명산 절벽을 바라보며 스스로 천둥이 되어 세상 만물에게 경각심을 주어 더 일찍 깨닫도록 하기를 원한다. 인생은 지극히 짧으므로 부디 발심하여 '물과 달이 서로 비추거나 비친다는 의식 없이 집착을 버리는 경지를 이루고〔建水月道場〕, 허공 꽃인 망상을 없애고 무심으로 행하며〔作空華佛事〕, 실체가 없는 거울 속의 마군을 깨어 부수고〔破鏡裡魔軍〕, 꿈속의 불과를 성취〔成就夢中佛果〕'하여야 한다.

오직 마음을 다해 전념하면 우리의 도업道業을 성취할 수 있다.

천강에 비친

취하여 자건 깨어 누워 있든 집에 돌아갈 생각 않고,
이 한 몸 천하를 주유하네.
부처와 조사의 자리도 이 마음 못 붙들고,
어두워지면 여전히 갈대 옆에 누워 자네.

醉眠醒臥不歸家 一身流落在天涯
祖佛位中留不住 夜來依舊宿蘆花
_송宋, 용문청원龍門淸遠

이것은 용문선사의 게송으로 납자의 인생관을 표현한 것이다.

취면성와불귀가醉眠醒臥不歸家
당신이 잠을 자든 깨어 있든, 걷든 머물든 앉든 눕든 상관없이 나는 집에 돌아가지 않는다. 이것은 집이라는 것에 구속되지 않을 것이라는, 수행하는 사람의 자유로움과 소탈함을 비유한 것이다.

일신유락재천애一身流落在天涯

'이 한 몸 천하를 주유하네'는 납자가 도처를 운유하며 세상 어디에서도 마음대로 편안히 머문다는 의미이다.

조불위 중류불주祖佛位中留不住

그에게 성불하여 부처가 되라 하지만 그조차도 원하지 않는다. 납자는 깨달음을 얻고 소요하고 해탈하려 할 뿐 무엇도 그를 속박할 수 없으며 오고 감에 흔적조차 없다.

야래의구슥로화夜來依舊宿蘆花

날이 어두워 밤이 되면 납자는 갈대꽃 덤불에서 편안히 머문다. 도시락 하나와 물 한 바가지로 지내며, 다른 이들이 견디기 어려운 고생을 즐거움이라 여겨 고치지 않았던 안회顔回의 경우와 유사하다. 납자라면 숲이나 냇가, 또는 무덤가나 허름한 골목길에서 늘 자유의 즐거움을 버리지 말아야 한다.

　한 신도가 조주선사趙州禪師에게 물었다.
　"선사님처럼 덕 있는 고승께서는 백년 지난 뒤 어디로 가십니까?"
　그러자 조주선사가 대답했다.
　"나는 지옥으로 간다네."
　신도가 놀라 물었다.

"선사님처럼 수행을 많이 한 고승께서 어찌 지옥에 떨어집니까?"

조주선사가 웃으며 말했다.

"내가 지옥 가지 않으면 장차 누가 와서 당신을 제도하겠소?"

지옥을 간다 해도 선사들은 기꺼워하며, 중생을 위한 봉사 역시 아무런 거리낌 없이 자유스럽다. 그래서 납자의 인생관은 '귀가하지 않고 천하에 머물며〔不歸家 在天涯〕, 묵어가지 않고 갈대숲에서 잔다〔留不住 宿蘆花〕'라는 게송을 통해 끝없는 풍모를 알 수 있다. 참으로 소박하며, 자유롭게 어느 것 하나에 구속됨 없는 납자의 풍모이다.

때로 커다란 바람도 없고, 좋은 의복도 입지 못하고, 좋은 음식도 먹지 못하는 그러한 선사들을 보면서 걱정이 들 때도 있지만, 그럴 필요 없다. 자유롭고 소탈하여 부처조차 되지 않겠다는 마음에는 이미 천지우주를 모두 담고 있으니, 마음에 더 담아둘 것이 뭐가 있겠는가?

천 강에 비친

부를 때 분명하고 대답할 때 다정하지만,
은혜 저버리는 이 누구인지 모르겠네.
서가의 일을 동가 사람이 흘려버리니,
주위 사람 오히려 그를 비웃네.

喚處分明應處親 不知誰是負恩人
東家漏泄西家事 卻使旁人笑轉新

_송宋, 장령수탁長靈守卓

이 선시는 혜충국사慧忠國師와 그의 시자 사이에 있었던 이야기를 토대로 장령선사長靈禪師가 지은 것이다. 혜충국사의 잠자리와 식사를 돌보아왔던 시자가 30여년이 지나도록 여전히 깨달음을 얻지 못하자 혜충국사는 그가 수행하면서 깨달음을 얻을 수 있도록 도와주고자 하였다. 하루는 적당한 때를 골라 혜충국사가 그를 불렀다. 시자는 멀찍이 떨어져서 자신의 일을 하고 있었다.

"부처야!"

하지만 대답이 없었다.

혜충국사가 다시 "부처야!" 하고 그를 불렀지만 여전히 아무런 대답이 없었다. 그러자 이번에는 더 큰소리로 그를 불렀다.

"부처야!"

그제서야 시자가 돌아보며 물었다.

"국사님, 지금 누구를 부르시는 겁니까?"

혜충국사가 껄껄 웃으며 말했다.

"부처야. 내가 지금 널 부르고 있지 않느냐?"

그 말을 듣고 깜짝 놀란 시자가 이상하게 여겨 물었다.

"국사님, 저는 시자이지 부처가 아닙니다. 그런데 왜 저를 부처라 부르십니까?"

혜충국사는 '이 시자는 마땅히 지고 갈 책임도 짊어지려 하지 않고, 자신에게 불성이 있는 것도 인정하려 들지 않는구나. 부처라 불러도 대답조차 않으려 하다니'라고 개탄하였다.

"장차 내가 널 실망시키는 것이 아니라, 네가 나를 실망시키겠구나."

시자는 국사가 한 말의 숨은 뜻을 몰랐다. 또 며칠이 지나 기회가 생기자 혜충국사가 또 다시 소리를 질렀다.

"부처야!"

아무도 대답하는 이가 없었다.

다시 한 번 소리를 질렀다.

"부처야!"

그러자 시자가 대답했다.

"국사님, 제가 말씀드리지 않았습니까? 저는 부처가 아니라 시자라고요."

혜충국사는 시자가 바로 깨달을 수 없음을 한탄하였다. 남경의 소를 끌고 북경으로 간다고 해도 소는 여전히 소인 것이다.

스스로를 존중하고, 소중히 여기며, 스스로를 믿는 마음이 없다면 그를 부처님이라 여긴다 해도 스스로 감히 감당하지 못할 것이다.

환처 분명응처 친 喚處分明應處親
당신의 이름을 부르면 아주 분명하고 똑똑하게 들릴 것이며, 대답 역시 무척 친근하다.

부지 수시 부은인 不知誰是負恩人
장차 누가 누구를 실망시키겠는가?

동가루설서가사 東家漏泄西家事 각사방인 소전신 卻使旁人笑轉新
동쪽 집 사람들이 서쪽 집 일을 떠벌리고 다니며 시비를 일으켜 놓고도, 자기 사람을 살피지 않아 도리어 분쟁을 일으킨다면 다른 이들의 웃음거리가 되는 것은 당연하다. 그러므로 선수행하는 사람은 자신의 일을 잘 관리하고, 스스로를 존중하며, 불성을 잘 다듬는 것이 중요하다.

천강에 비친

토끼 한 마리 오래된 길에 나타나니,
날랜 매 보자마자 산채로 채어가네!
뒤늦게 쫓아온 총기 없는 사냥개,
마른 가지에서 헛되이 옛 흔적만 찾는구나.

一兎橫身當古路 蒼鷹才見便生擒
後來獵犬無靈性 空向枯椿舊處尋

_송宋, 설두중현雪竇重顯

설두선사雪竇禪師의 이 선시에는 시기와 시절을 잘 잡아 뒤늦게 후회하지 않기를 희망하는 바람이 담겨져 있다.

　소위 '꺾을 수 있는 꽃 있을 때 주저 말고 꺾으시오. 꽃 떨어질 때까지 기다려 빈 가지 꺾지 마시고〔有花堪折直須折 莫待無花空折枝〕'처럼 수행도 젊고 혈기왕성한 시기에 열심히 해야 한다. 청춘 다 지나가고 나이 든 뒤까지 기다리면 힘써 수행할 여력이 있겠는가?

일토횡신당고로一兎橫身當古路 창응재견변생금蒼鷹才見便生擒
토끼 한 마리가 옛 길에서 이리저리 움직이고 있는데, 날랜 매 한 마리가 보자마자 갑자기 덮쳐 산채로 잡아간다.

후래렵견 무영성後來獵犬無靈性 공향고장구처심空向枯樁舊處尋
매는 기회가 생기기만 하면 바로 낚아채지만 영리하지 못한 사냥개는 마른 나뭇가지 근처를 맴돌며 토끼의 흔적만 찾고 있다. 하지만 때는 이미 늦었다.
  수행하는 사람 역시 때를 잘 알아야 한다. 기회와 인연을 놓친 다음에 공연히 괴로워하지 말고 바로 수행을 시작해야 한다.

  불경佛經에는 참 재미있는 비유가 있다. 한 나라 국왕에게 두 명의 대신이 있었다. 국왕은 갑이라는 대신을 총애하고, 을이라는 대신은 별로 중요하게 생각하지 않았다. 을 대신은 '국왕께서 왜 나를 싫어하시는 걸까?' 하고 곰곰이 생각해 보았다. 천천히 알아보고, 주의를 기울인 끝에 드디어 그 이유를 알게 되었다. 국왕이 가래를 뱉을 때, 가래가 바닥에 떨어지자마자 갑 대신은 얼른 그것을 닦았다. 국왕이 그를 좋아한 이유가 이것이었다. 을 대신은 속으로 '나도 그렇게 할 수 있다'고 생각했다.
  다음번에 국왕이 기침을 하며 가래를 뱉는 걸 본 대신이 닦으려는 찰나 갑 대신에게 선수를 뺏겨버렸다. 을 대신은 속으로 걱정했지만, 다음번에는 자신이 꼭 선수를 차지해야겠다고 다짐했다. 다음에 국왕이 또 기침을 하자 을 대신은 나는 듯이 한 발 앞서 나오며 국왕의 가래를 닦으려 하였다. 하지만 누가 알았으랴! 앞으로 뛰어나오다가 그만 국왕의 입에 부딪쳐 국왕의 이가 빠져버렸다. 을 대신이 낭패를 면치 못했음은 물론이다.

　기회를 확실히 보지 못하고, 금방 사라져 버리는 인연을 잡지 못한다면 자연히 상황에 들어맞지 않게 된다. 기회와 인연이 아직 다 가오지 않았는데도 망령되이 움직이는 것은 좋지 않다. 무릇 모든 일은 때를 잘 알아야 하며, 행할 때는 망설이지 말고 서둘러 행하는 것이 중요하다.

천강에 비친

옛날 조주선사는 겸손함이 적어
산문을 나서지 않고 조왕을 맞았네.
금산의 무량상을 어찌 아는가.
대천세계가 선 닦는 침상이라네.

昔日趙州少謙光 不出山門迎趙王
怎知金山無量相 大千世界一禪床

_송宋, 불인선사佛印禪師

이 게송은 송나라 불인선사의 작품이지만, 전고典故는 당나라 때로 거슬러 올라간다.

석일조주소겸광昔日趙州少謙光 부출산문영 조왕不出山門迎趙王
하루는 조왕趙王이 조주趙州 종심선사從諗禪師를 찾아왔다. 선사는 침대에 누워 일어나지도 않은 채 그를 맞이하였고 조왕은 몸소 그의 침대로 가 그를 만났다.

"조왕! 제가 나이가 많고 기력이 쇠해 대왕을 맞이할 힘이 없군요. 제 무례를 용서하십시오."

조왕은 기분 나쁜 기색이 전혀 없이 조주선사와 아주 유쾌하게 얘기를 나눴다. 조왕은 기쁜 마음으로 돌아온 뒤 대신을 통해 수많은 예물을 보내 공양하게 하였다. 그 말을 들은 조주선사는 즉시 침상에서 일어나 가사를 걸치고 모자를 쓰고 산문까지 나가 정중하게 그들을 맞았다. 스승의 행동을 보고 괴이하게 여긴 제자들이 그 연유를 물었다.

"조왕께서 납시었을 때는 침대에서 일어나지도 않고 맞이하더니 지금은 기껏해야 조왕이 보낸 대신일 뿐인데 스승님께서는 어찌 산문 밖까지 직접 나와 마중을 하십니까? 이건 뒤바뀐 것 아닙니까?"

조주선사가 웃으며 가르침을 주었다.

"나는 손님을 세 부류로 나눠 맞이한다. 자질이 뛰어난 사람은 침대에서 맞이하고, 자질이 보통인 사람은 객청에서 예로써 맞이하고, 자질이 떨어지는 사람은 산문 밖에 나가 맞는다."

즘지김산무량상怎知金山無量相 대천세계일선상大千世界一禪床
이러한 전고가 있기에 후에 소동파蘇東坡도 금산사金山寺로 불인선사를 찾아갈 때 먼저 서신을 보내 조주선사가 손님을 맞이하는 법도대로 자신을 맞아주기를 바랬다. 편지의 의미는 집에서 '될 수 있는 대로 편하게 주무시다가 저를 맞이하십시오. 굳이 저를 마중하느라 마음 쓰지 마십시오.'라는 것이었다. 하지만 소동파가 금산사에

도착했을 때 불인선사는 이미 산문 밖까지 나와 그를 기다리고 있었다. 그 모습을 본 소동파가 껄껄 웃으며 말했다.

"선사의 수행이 조주선사만 못하다는 것을 내가 알겠습니다."

선사께서는 침대에 누워 일어나지 않고 나를 맞을 수 없을 것이라는 의미였다.

불인선사 역시 미소로 화답하며 위의 게송을 읊었다.

이 금산은 무량상이고 삼천대천세계가 모두 나의 침상이다. 그대는 내가 당신 소동파를 맞이하기 위해 일어난 것처럼 보이는가? 그렇지 않다. 나는 지금도 여전히 선을 닦는 나의 침대에 누워있는 것이지, 당신을 맞이하기 위해 나온 것이 아니다. 이 말을 들은 소동파도 더 이상 말이 없었다.

이 선시를 통해 불인선사의 수행 경지를 알 수 있으니, 참으로 고승 중의 고승이라 하겠다.

천강에 비친

온갖 생각 다 벗어던지고 바보처럼 살리니,
나의 자취는 사슴만이 알 뿐이네.
삼베옷 벗지 않고 주먹 베게 삼아 잠드니,
초가집 살며 이런 꿈 몇 번이나 꾸었는가.

萬機休罷付痴憨 蹤跡時容野鹿參
不脫麻衣拳作枕 幾生夢在綠蘿菴
_송宋, 회지선사懷志禪師

번화한 세상에서 살던 사람이 소박한 질곡의 생활로 돌아간다면, 또 시끌벅적한 사회에서 살던 사람이 고요한 산중 생활로 돌아간다면, 또 정처 없이 떠돌며 객지생활을 하다가 평안한 생활로 돌아간다면 과연 그 느낌을 어떻게 묘사해야 할까?

만기 휴파부치감萬機休罷付痴憨
온갖 궁리, 기획, 책략, 의견 등이 밀물처럼 내 생활에 밀려들어오면 내 생활은 결코 평안하지도 즐겁지도 않게 된다. 나는 이제 온갖 생각을 다 버리고, 모든 것을 내려놓았다. 아무것도 필요치 않으며, 더 이상 마음 쓰지 않고, 경쟁하듯 아옹다옹하지 않겠다. 정직하고 소박함 속에 지혜를 감추고 겉으로 바보인 척하며 살겠다.

종적시용야록참蹤跡時容野鹿參
앞으로 다시는 유위有爲와 유상有相의 굴레에 얽매이지 않고, 세상의 영화부귀를 다투지 않겠다. 한마음으로 참선하여 대자연으로 돌아갈 것이니, 나의 행적은 다만 산에 사는 사슴만이 알 것이며, 대자연과 호흡하며 산의 나무와 짐승들에게 합장인사 나눌 것이다.

원나라의 고봉묘高峰妙선사는 산속 동굴에서 수행하며 산의 열매로 끼니를 이었다고 한다. 누군가 그에게 이런 물음을 던졌다.

"여기 맛있는 것이 있습니까?"

"산해진미보다도 더 맛있답니다."

"그런데 어째서 머리조차도 빗지를 않으십니까?"

"내 마음에 한 점의 번뇌도 없는데 뭘 정리하겠소."

"목욕은 어째서 안 하십니까?"

"내 마음이 오래전부터 청정하거늘 목욕은 해서 무엇합니까?"

"옷은 어째서 갈아입지 않으십니까?"

"내게는 도덕과 자비라는 장엄한 옷이 있거늘 무슨 옷이 더 필요합니까?"

"선사께서는 도반이나 친구 하나도 없으십니까?"

"산과 강, 이 넓은 땅, 꽃, 나무, 풀, 해와 달, 별 모두 나의 친구입니다."

고봉묘선사가 살아온 생활이야말로 진정한 탈세속적인 자유로운 생활이다.

불탈마의권 작침 不脫麻衣拳作枕 **기생몽재록라암** 幾生夢在綠蘿菴
거친 베옷을 입은 채로 잠을 자고, 주먹을 베고 누우면 곧 베개가 된다. 환경에 따라 어디든 편안하고 자유로운 마음으로 사는 이런 생활이 마치 꿈을 꾸는 것 같다. 대자연의 청정하고 구함이 없는 생활로 돌아간다는 것은 얼마나 고귀한 것인가! 그러므로 사람의 삶이란 반드시 물욕物欲에 의해서만 즐거운 것은 아니다. 무욕無慾과 청정함 속에서도 한결같이 몸이 안정되고 마음은 평안할 수 있다.

천강에 비친

팔십에도 행각을 나서는 조주선사!
마음속 의문을 알기 위함일세.
돌아와 아무 일 없음에 이르러서야,
짚신 값 헛되이 썼음을 처음 알았네.

趙州八十猶行脚 只爲心頭未悄然
及至歸來無一事 始知空費草鞋錢

_송宋, 장무진張無盡

이것은 당나라 때 조주 종심선사의 공안시公案詩이다.

한 학승이 조주선사를 찾아와 물었다.

"나쁜 공기로 가득 차 있는 우주에, 어느 날 초선천初禪天에는 바람이 불고, 이선천二禪天에는 물난리가 나고, 삼선천三禪天에는 불이 나 세상이 사라진다면 우리들의 육신은 여전히 존재하겠습니까?"

그러자 조주선사는 그 역시 함께 가버릴 것이라고 대답했다.

조주선사는 자신의 대답이 늘 만족스럽지 않았지만 더 좋은 깨달음을 줄 수 없어 결국 산문을 나서 스승을 찾아 도를 배우고자 하였다. 그리하여 '한 마디 말 따라 천산을 주유하는 납승〔一句隨他語 千山走衲僧〕'이라는 공안이 전해오게 된 것이다.

조주팔십 유행각 趙州八十猶行脚

이 게송은 조주선사가 세수 팔십의 고령임에도 불구하고 도를 배우려 여전히 스승을 찾아 행각하였음을 말하고 있다. 그 이유가 무엇이었을까?

지위심두미초연 只爲心頭未悄然

마음속에 아직 이해하지 못한 것이 있는데, 이대로 포기할 수 없어서이다. 그렇다면 이해하지 못한 것은 무엇이었을까? 우리는 어디로부터 왔는가? 죽으면 어디로 가는가? 알겠는가? 어제의 일체를 아는가? 내년의 인과를 아는가? 장차 미래의 늙고 병들고 슬프고 기쁘고를 알 수 있는가? 그렇다면 설명할 수 없다고 그냥 흘러가게 내버려둬도 되는가?

　과거 선사들은 평생 깊이 사색하는 데 심혈을 기울였다. 부모가 나를 낳기 전 나의 본래 모습은 어떤 것인가? 조사가 서쪽에서 온 뜻은 무엇인가? 염불하는 사람은 누구인가? 나는 밥을 먹고 있다. 그럼 밥을 먹고 있는 사람은 누구인가? 나는 잠을 잔다. 그럼 잠을 자고 있는 사람은 누구인가? 이러한 생명의 의미를 모두 알아야 진정 깨달은 것이며, 자신의 본래 모습을 찾았다고 할 수 있고, 비로소 안

심할 수 있었다. 그러므로 조주선사는 수년간 행각을 하였다.

급지귀래무일사及至歸來無一事 시지공비초혜전始知空費草鞋錢
생명의 의미를 깨닫는 것은 밖에서 애써 찾을 것이 아니라 그저 마음 가운데에 있는 것임을 알았다. 자신을 찾으려면 일체의 알지 못하는 바를 먼저 스스로 깨우쳐야 한다. 무릇 모든 일을 스스로 짊어지고 나가야 생명의 찬란한 보리경계에 들어설 수 있다.

천 강에 비친

천 개의 강 비추는 달 문 앞을 비추지만,
방에는 한 점 먼지도 없네.
패엽에 내 눈 미혹된다면,
맑은 곳 역시 사람을 속박함을 알아야 하네.

門前自有千江月 室內卻無一點塵
貝葉若圖遮得眼 須知淨地亦迷人

_송宋, 성고목成枯木

문전자유천강월 門前自有千江月
하늘 높이 걸려 있는 밝은 달이 문 앞을 비추니, 참으로 모든 강물에
두루 비추는 달이로구나.

실내각무일점진 室內卻無一點塵
나의 방에는 조금의 먼지도 없다. 안은 청정하고 밖은 빛난다. 청정
하며 빛나고 빛나며 청정한 것, 이것이야말로 수행자가 갈망하고 추

구하는 목표인 것이다.

패엽약도차득안貝葉若圖遮得眼

패엽은 경전이다. 고대에는 인쇄를 할 종이가 없어서 경전의 문구를 나뭇잎에 기록하였기에 패엽이라 불렀다. 패엽 경서를 보는 것으로 성불할 수 있다고 여기는 것은 대단히 큰 잘못이다. 선禪은 불립문자不立文字라 했다. 부처에게 구하려 하지 않고, 가르침에 구하려 하지 않고, 스님에게 구하려 하지 않고 경서로만 선정의 도를 추구한다면 도에서 더욱 멀어지게 된다.

옛날 부용산芙蓉山의 고령선사古靈禪師는 백장대사百丈大師를 찾아 깨달음을 얻은 후 다시 고향 복주福州로 돌아와 그의 스승을 구도救度하려 하였다. 그의 스승은 배움이 높은 사람이었지만 하루 종일 경전만을 보며 설법을 하고 경전 강의 역시 문장의 해석에만 치중하며 자신의 마음 밭에는 수양이 부족하였다. 하루는 스승이 창문 아래 앉아 역시 경전을 읽는 것을 본 고령선사는 마침 파리 한 마리가 창호지에서 파닥거리며 날아가려고 애쓰는 모습을 빌어 설법을 하였다.

"세상은 이처럼 광활하건만 너는 날아가려 하지 않고 종이만 뚫으려 하니 그 무슨 소용이 있느냐?"

고령선사가 파리에 빗대어 얘기한 것이다. 파리가 늘 창호지 위를 빙빙 돌며 파닥거리기만 하니 어찌 뚫고 날아갈 수 있을까라고 말했지만, 마음으로 깨달음을 구하지 않고 경전의 글자만을 보며 불법을 찾으려 하니 어찌 찾겠는가라는 뜻으로 스승에게 깨우침을 주려 했던 것이다.

수지정지역미인 須知淨地亦迷人

패엽경이 눈을 가린다고 한다면 법당의 불상 역시 사람을 미망에 들게 한다. 당신이 청정함에 집착하고 보리심에 집착하면, 반대로 청정함과 보리심에 속박 당하게 된다. 쇠사슬이 사람을 묶을 수 있듯이 금으로 된 사슬 역시 사람을 묶을 수 있다. 먹구름이 하늘을 가릴 수 있듯이 흰 구름 또한 하늘을 가릴 수 있다. 번뇌가 사람을 속박할 수 있듯이 보리 역시 사람을 속박할 수 있다. 그러므로 인생에는 응당 한 점의 먼지도 없어야 하며 청정한 밝은 달만이 있어야 한다.

천 강에 비친

산 아래로 흐르는 물 뜻 있어서가 아니며,
흘러가는 구름은 마음 있어서가 아니네.
인생이 구름과 물 같다면,
쇠나무에 꽃 피어 온 세상이 봄이리라.

流水下山非有意 片雲歸洞本無心
人生若得如雲水 鐵樹開花遍界春
_송宋, 차암수정此菴守淨

세속에서 벗어나 자연과 호흡하며 사는 것이 곧 납자의 생활이며
'온 세상이 봄〔遍界春〕'인 경치이다.

유수하산비유의流水下山非有意
산봉우리에서 졸졸졸 소리를 내며 흐르는 물은 산 아래로 흘러간다. 특별히 그리 하고자 의도한 것은 아니며 자연스럽게 폭포가 되는 것이니, 구름이 무심히 산봉우리를 돌아 나오는 것과 같다.

편운귀동본무심 片雲歸洞本無心

산 위에서는 흰 구름이 둥실둥실 떠다니지만 이 역시 뜻이 있어 오고 가는 것이 아니니 분별할 필요가 없다.

인생약득여운수 人生若得如雲水

세상에 살아가면서 구름처럼 자유롭게 떠다닐 수 있고, 흐르는 물처럼 인연 따라 움직일 수 있다면 이 얼마나 세속을 초월한 자유로운 삶인가!

　불광산의 무료진료소를 '운수雲水병원'이라고 부르는 것도 구름처럼 물처럼 멀고 외진 산 어디라도 두루 들어가 가난하고 어려운 병자들에게 의료의 도움을 주자는 의미에서였다. 운수병원은 또한 이동병원이다. 의지할 사람 없이 혼자 사는 아프고 외로운 수많은 환자들에게 치료를 해주고, 구제를 받을 수 있게 하였다.

　우리들의 생활도 구름과 물처럼 아무런 걸림 없이 자유롭고, 부와 명예에 구속됨 없고, 스스로에게 한계를 지워 가두지 않으며, 인연 따라 살아가고, 마음 따라 자유로우며, 좋아하는 것을 하며 산다면 참으로 아름답다고도 속세를 초월한 삶일 것이다. 그렇기에 삶을 사랑하는 사람은 즐거운 삶, 자유로운 삶, 자성을 찾는 삶, 남을 감싸 안는 삶을 찾으려, 스스로 더욱 널리 포용하고, 자비로 다른 이를 대하니 마음은 이미 부자가 되었다.

철수개화편계춘 鐵樹開花遍界春

평범하지 않은 기상이 절로 인다. 온 세상이 봄이 된다니 드물면서도 다시 얻기 힘든 귀한 것이다.

천강에 비친

무명과 번뇌를 끊기 전 옳고 그름을 분별하고,
우선 눈 속의 모래를 집어내라.
머리 들고 천황선사의 떡 맛보면,
빈 마음으로 조주선사 차 마시기 어려우리.

撥草占風辨正邪 先須拈卻眼中沙
擧頭若味天皇餠 虛心難喫趙州茶

_송宋, 황룡혜남黃龍慧南

참선과 도를 배우려면 어떠한 조건이 선행되어야 할까?

발초점풍변정사撥草占風辨正邪
번뇌를 제거하고 무명의 풍랑을 잠재우고 싶다면, 번뇌라는 풀을 뽑고 무명이라는 바람을 잠재우기 전 먼저 바름과 삿됨을 분별해야 한다.
　참선이란 눈을 감고 가부좌를 틀고 앉아 몽롱한 정신으로 명상하는 것이 아니다. 참선하는 사람은 지혜와 빼어난 능력이 있어야 하고, 마음속에는 만유를 담을 수 있어야 하며, 선악을 이해하고, 시시비비를 판가름하고, 바름과 삿됨을 분별할 수 있어야 한다. 무엇이 좋고 나쁜지, 무엇이 옳은 가르침이고 삿된 논리인지조차 제대로 구분하지 못한다면, 이런 참선은 어리석은 선정이 아니겠는가? 바름과 삿됨을 분별하는 것이 참선하는 사람만이 가지는 고유의 혜택은 아니다. 세인들은 바름과 삿됨을 분별하지 않고 시시비비를 알지 못하므로, 경중輕重을 따질 줄 모르고 선악을 관찰해 낼 줄 몰라 바른 인간 또는 좋은 인간의 범주에 들지 못한다.

선 수념각안중사 先須拈卻眼中沙

참선하는 사람은 바름과 삿됨을 분별한 후, 우선 눈 속의 모래를 집어내야 한다. 일산日傘으로 아무리 눈을 가리려 해도 허공에 핀 꽃이 어지러이 흩어지듯 마음에 번뇌가 일면 망상은 꼬리에 꼬리를 물고 피어난다. 눈에 모래 한 알이 들어가면 일산이 있어도 우주의 본모습을 뿌옇게 흐리고 달리 보이게 만든다. 우선 눈 속의 모래를 제거하여야 마음속 먹구름이 걷히고 무명과 번뇌가 사라진다.

거두약미천황병 擧頭若味天皇餠

생활 속에서도 천황天皇 도오선사道悟禪師의 선병禪餠 맛을 느낄 수 있다. 당신에게 떡을 먹으라는 것은 배를 채우라는 것이니 명심견성 明心見性이 아니겠는가.

허심난끽 조주다 虛心難喫趙州茶

조주선사와 같은 깨달음과 수행이 있는가 생각해보라. 조주선사가 학인승에게 어떻게 가르침을 주었는가 보라.

한 학인승이 여쭈었다.

"도道란 무엇입니까?"

"가서 차나 마셔라."

"부처란 무엇입니까?"

"가서 그릇이나 씻어라."

"어떻게 하면 자신의 마음을 찾을 수 있습니까?"

"가서 마당이나 쓸어라."

조주선사의 차 한 잔이 당신에게 깨달음을 줄 수도, 성불하게 만들 수도 있다. 어째서 그러한가? 선이란 일상생활이 아니고 다른 곳에 선이 있다고 할 수 없음을 일러주는 것이다. 천황선사의 떡을 먹을 수 있고 조주선사의 차를 마실 수 있다면 당신은 아마도 선과 함께 머물 수 있을 것이다.

천강에 비친

종일토록 산을 바라봐도 산이 싫지 않으니,
산을 사 평생 산 가운데 머물리라.
산에 핀 꽃 다 떨어져도 산은 여전하고,
계곡물 덧없이 흘러도 산은 절로 한가롭다.

終日看山不厭山 買山終待老山間
山花落盡山常在 山水空流山自閒

_송宋, 왕안석王安石

오취육도五趣六道에서 전전하고 번뇌로 가득 찬 이 세상에 떨어졌어도 우리의 진여불성은 조금의 흠도 생기지 않는다. 왕안석은 산을 들어 이것을 비유하였다.

종일간산불염산終日看山不厭山
산은 참으로 변화무쌍하다. 노산을 읊은 '고개를 기울여 보면 고갯마루고 옆으로 보면 봉우리라, 원근과 고저에 따라 각기 다르네. 여산의 진면목을 알지 못함은 몸이 산중에 머물기 때문이라네〔橫看成嶺側成峰 遠近高低各不同 不識廬山眞面目 只緣身在此山中〕'라는 시와 비슷하다.

  도를 깨우치려는 수많은 선비들은 산수山水를 좋아하였다. 그래서 어진 사람은 산을 좋아하고 지혜로운 자는 물을 좋아한다 하지 않았던가. 또한 '서로 바라보고 싫지 않은 것은 오로지 경정산뿐이로다〔相看兩不厭 只有敬亭山〕' 하는 시구 역시 산과 내가 서로를 바라보지만, 누구도 싫증이 나지 않는다는 것이다. '내가 청산을 보며 아름답다고 여기니, 청산도 나를 보며 그렇게 느끼겠지〔我看靑山多嫵媚 靑山見我應如是〕'라는 시구 역시 나는 산을 좋아하고 산도 나를 좋아한다는 말이다. 내가 산의 변화무쌍함을 바라보며 참으로 아름답다 감탄하고, 청산은 사람을 바라보며 변화가 무궁하니 참으로 아름답다고 할 것이다. 사람과 사람의 사귐도 응당 이와 같아야 한다.

매산종대노산간 買山終待老山間
산 하나를 전부 사는 이유는 무엇일까? 산과 함께 지내고 그 산과 함께 늙기를 바라서이다.

산화낙진산상재 山花落盡山常在
산에 피었던 꽃도 다 시들고 사라져도 산은 그대로 남아 변하지 않는다. 이것이 형용할 수 없는 산의 아름다움인 것이다.

산수공류산자한 山水空流山自閑

산 위의 샘은 한 방울씩 똑똑 소리를 내며 끊임없이 흘러간다. 하지만 산은 늘 그렇듯 움직이지 않는다. 세상에는 변하는 것과 변하지 않는 것이 있다. 당신이 오욕五欲 세상에 살고 있지만, 오욕 역시 무한히 변화하며, 부귀도 다할 때가 있고, 영화도 얻고 잃을 때가 있다. 무상한 것은 전혀 없다. 하지만 산은 변하지 않는다. 올해에도 이렇고, 내년에도 이렇고, 십년, 백년, 아니 천년이 흐른 뒤에 당신이 산을 바라보아도 산은 여전히 그러할 것이다. 그러므로 이 게송은 우리에게 영원토록 변함없는 이상을 추구해야 한다고 가르친다. 산은 편안한 안식과 영원토록 변함이 없음을 대표하는 것이다. 우리는 스스로를 영원토록 변함없는 진리에 안주시켜 싫증나지도, 포기하지도, 어리석음에 미혹되지도 않게 해야 한다.

천강에 비친

본시 사물이 없거늘 사람이 의심하는 것이고,
참선하는 사람은 어리석은 듯 보이네.
무정한 것도 설법할 수 있다는 소리 듣고,
벽 보며 종일토록 헛된 생각만 좇고 있네.

本來無物使人疑 卻爲參禪買得痴
聞道無情能說法 面牆終日妄尋思

_송宋, 왕안석王安石

본래무물사인의 本來無物使人疑

본시 아무것도 없거늘 어디에 먼지가 쌓이는가? 문제는 사람 스스로가 시시비비를 만들어 괴롭게 한다는 점이다. 사실 천하는 본시 태평하지만, 어리석은 사람이 스스로 걱정하는 것이다. 매일 이것 저것 의심하고, 망상에 사로잡혀 분별하지 못하여 청정한 마음을 먹구름으로 뒤덮이게 하고 편안치 못하게 한다.

각위참선매득치 卻爲參禪買得痴

참선하는 사람은 겉으로 보기엔 다른 사람과 비교하지 않고, 다투지 않으니 마치 꾸밈없이 솔직하고 어수룩해 보이기도 하지만 사실은 커다란 지혜를 감추고 어리석은 것처럼 보이는 것이다. 선이라는 것이 본래 사물이 하나도 없는 것이니 천하天下, 인아人我, 세사世事는 그의 마음속에서 잠깐 반짝 하고 지나가는 현상에 불과하다.

문도무정능설법 聞道無情能說法

꽃과 풀, 나무도 성불할 수 있는지 누군가 물었다. 선사는 그의 머리를 쿵 치며 일갈했다.

"꽃과 풀, 나무가 성불할 수 있는지를 생각하면서 자신은 성불할 수 있는지 어째서 물어보지 않는가?"

불교에서는 유정有情한 존재와 무정無情한 존재를 같은 종류라 본다. 대지와 산하, 화초와 수목 등 일체의 무정한 것들도 성불할 수 있다고 본다. 다만 화초, 수목이 스스로 성불할 수 있는 것이 아니라 수도하는 사람 스스로 깨달음을 얻어야 한다. 내가 성불하면 산하와 대지, 화초와 수목 역시 나의 법성진여에서 흘러나온 본래의 모습과 나의 몸과 마음을 따라 함께 성불할 것이다. 대지와 산하, 우주, 만유는 나의 본성을 떠나지 않았으므로 진실된 마음을 떠나서 화초와 수목이 성불할 수 있는지 물을 수 없다.

면장종일망심사面牆終日妄尋思

이 시구에는 전고典故가 있다. 육조 혜능대사 말년에 석두희천石頭希遷이란 어린 제자가 육조대사를 찾아와 물었다.

"스승님, 백년 후 저는 어찌될까요?"

"생각을 찾아가거라〔尋思去〕."

석두희천은 늘 생각에 잠기고 자리에 앉아 참선하라는 것으로 알고 수년 동안 매일 참선과 사유를 했다. 어느 날 한 상좌가 그를 일깨워주었다.

"생각을 찾아가라는 것은 네 사형인 청원青原 행사선사行思禪師를 찾아가라는 말이지, 여기서 쓸데없이 생각만 하라는 것이 아니다."

석두희천은 자신의 모든 어리석음을 깨트렸기에 후에 청원 행사 선사에게서 드디어 깨달음을 얻었다.

천강에 비친

매사 한 걸음 물러남보다 좋은 것은 없나니,
본래는 증득도 수행도 없노라.
창 밖에 높이 걸린 보리의 달이 밝게 빛나면,
혼탁한 세상에 맑은 연꽃 심으리.

萬事無如退步休 本來無證亦無修
明窓高掛菩提月 淨蓮深栽濁世中
_송宋, 자수회심慈受懷深

세상의 일 중에 가장 좋은 것은 무엇이며, 최고인 것은 무엇이며, 가장 가치가 있는 것은 또 무엇인가? '모든 것이 하찮은 것이며, 책을 읽고 관리가 되는 것만이 최고이다[萬般皆下品 唯有讀書高]'라는 속담이 있다. 세상에서 돈이 가장 좋고 최고라고 생각하는 사람도 있고, 수행을 하고 도를 배우는 것이 가장 좋다고 말하는 사람도 있을 것이다. 명예와 지위를 좋아하는 사람은 명예와 지위가 최고라고 여길 것이고, 애정을 중시하는 사람은 사랑이 제일 좋다고 여길 것이다.

사람의 가치관과 관념은 다 다르다.

만사무여퇴 보휴萬事無如退步休

부처님의 가르침을 신앙으로 삼는 사람에게 뒤로 한 발 물러서는 것보다 더 최고이고 더 좋은 것은 이 세상에 없다. 한 발 물러서면 다투는 사람도 적어지고, 천지는 더욱 넓어지며, 더 나아가 생명의 오묘한 의미까지도 깨달을 수 있다. 이러한 이치를 이해한 자는 세상에 머물면서도 나아가야 할 때 나아가고 물러서야 할 때 물러설 수 있으며, 수행 역시 온갖 괴로움을 다 겪게 된다고 해도 깨달음과 해탈을 얻고자 한다. 명예와 지위, 권세 같은 원하지 말아야 할 것들을 분뇨와 흙덩이처럼 하찮게 여긴다.

본래무증역 무수本來無證亦無修

교리로 보면 우리의 진여자성은 일체를 갖추고 있어 특별한 수행이나 진리를 증득證得할 필요가 없지만, 우리가 사는 현상계의 사상事相을 증득하지 않고 어찌 사바세계 본체의 오묘한 쓰임을 체득할 수 있겠는가?

　『금강경』의 종지처럼 '상'이라는 집착 없이 보시하고〔無相布施〕, '나'라는 집착 없이 중생을 제도하고〔無我度生〕, 수행이라는 집착 없이 불도를 배우고〔無修學佛〕, 깨달음이라는 집착 없이 도에 든다〔無證入道〕는 것은 거짓을 짓밟고 참 수행을 하는 것이다. 우리는 수행해야 한다는 마음 없이 수행하고, 증득해야 한다는 마음 없이 도를 증득해야만 불법의 피안에 도달할 수 있다.

명창고괘 보리월 明窓高掛菩提月
창 앞에 하늘 높이 걸려 있는 밝은 달은 우리 마음속 깨달음의 지혜를 이루는 것과 같다. 보리의 달이 먹구름에 가려지면 빛을 뿜어낼 수 없으며, 마음속 번뇌와 무명을 제거해야 별무리 사이에 높이 걸려 있는 달이 밝은 빛을 낼 수 있다.

정연심재탁세중 淨蓮深栽濁世中
우리는 오탁악세五濁惡世에서 생활하고 있지만 청정한 연꽃이 더러운 진흙 속에서도 온 세상에 향기를 뿌리는 것처럼 마음의 밭에 불법을 심어 잘 키운다면 피하거나 벗어나려 할 필요가 없다.

천강에 비친

다른 이의 장단점 논하지 말라.
말이 오가는 사이 화를 자초하게 되나니
입 닫고 혀 깊이 감출 수 있다면,
그것이 수행의 제일 방도라네.

莫說他人短與長 說來說去自招殃
若能閉口深藏舌 便是修行第一方

_송宋, 자수회심慈受懷深

막설타인단여장莫說他人短與長 설래설거자초앙說來說去自招殃
타인과 함께 지낼 때는 남의 말을 이러쿵저러쿵 하여 그로 인해 오해를 불러일으키는 것을 제일 먼저 삼가해야 한다. 불법에서는 우리에게 타인의 장단점을 논하지 말고 시간이 나면 자신의 잘못을 늘 되짚어보라고 가르치고 있다. 유언비어가 사람을 상하게 하고, 마음을 동요케 하며, 괴롭히는 정도가 무척 심하다. 우리는 시시비비를 믿지 말고, 옮기지 말고, 듣지 말고, 논하지 말고, 두려워하지 말아야 하며, 상대방이 유언비어로 온 천하를 어지럽혀도 두려워하지 말아야 한다.

어째서인가? '말이 오가는 사이 화를 자초하게 되니라'는 이유에서이다. 비방하는 것으로 맑고 밝은 사람을 쓰러뜨리지 못하며, 시시비비를 말하는 자의 어리석음과 간교함만이 드러날 뿐이다.

약능폐구심장설若能閉口深藏舌

무릇 입을 닫는다는 것은 벙어리처럼 말을 하지 않는 것이 아니라 시시비비를 말하지 않고, 전하지 않고, 듣지 않고, 따지지 않는 것이다. 일반 사람이 많이 저지르는 잘못은 자신을 칭찬하고 남은 비방하는 것이다. 자신의 조그마한 장점을 크게 부풀려 자랑하고, 남의 작은 흠은 커다랗게 부풀려 비방한다. 자신을 추켜세우고 타인은 깔보니 더욱 다른 이의 반감을 불러일으킨다. 다른 이의 시비를 적게 말하고, 다른 이의 장단점을 적게 논하는 것이야말로 '수행의 제일 방도'이다.

경전을 암송하고 염불하는 것도 수행이지만, 불법을 실천하는 것이 더 큰 수행이다. 진심으로 다른 이를 칭찬하고, 늘 좋은 말을 하며, 항상 인사하고, 다른 이에게 기쁨을 주고, 공경하며, 미워하지도 성내지도 않고, 마음과 입이 하나 되는 것이 최고의 수행 방법이다.

그러므로 깨달음을 얻으려는 사람은 응당 다음과 같은 풍모를 지녀야 한다.

① 비 갠 뒤의 달처럼 맑은 수양정신

② 한없이 드넓은 포부

③ 단정하고 아름다운 예절과 행동

④ 맑고 투명한 언사

이처럼 스스로 시시비비를 끊는다면, 번잡한 인아人我의 번뇌도 제거할 수 있다.

천 강에 비친

매사 한 발 물러나 생각하는 사람은,
구름과 학처럼 자유로운 몸을 가졌네.
솔바람은 늘 십 리를 오고 가며,
봉오리에 걸린 달에게 웃으며 읍하네.

萬事無如退步人 孤雲野鶴自由身
松風十里時來往 笑揖峰頭月一輪

_송宋, 자수회심慈受懷深

만사무여퇴 보인萬事無如退步人 고운야학자유신孤雲野鶴自由身
한가로이 노니는 구름이나 들녘의 학처럼 자유자재의 생활을 꿈꾼다면 반드시 '물러남으로 나아감을 삼는다'는 인생관을 가져야 하며, 다툼이나 집착이 없어야 만 리 푸르른 하늘 아래 맑은 바람과 밝게 빛나는 달, 그리고 대자연과 함께할 수 있다.
 이 게송에서 말하는 '물러나 생각하는 사람'은 나아가지 않으려는 소극적인 마음가짐을 가진 사람이 아니라, 적극적으로 '물러섬으로 나아감을 삼는다'는 일처리 태도를 가진 사람이다. 분사기는 빠른 속도로 앞을 향해 뿜어져 나간다. 뿜을 때 먼저 뿜어내는 기류가 뒤쪽을 향하며 후퇴하는 힘으로 앞으로 뛰쳐나가 순식간에 하늘로 뿜어져 나가는 원리이다. 나는 '물러남으로 나아감을 삼고, 무無를 유有로 삼고, 대중을 나로 삼고, 비움(空)을 즐거움으로 삼는다'는 마음으로 불광산을 중건하였고, 물러남이 나를 더 앞으로 나아가게 하였다.

사람의 몸은 생로병사에 얽혀 오고 가고, 일을 할 때도 항상 방해를 받게 된다. 몸은 자유롭지 못하지만 우리는 여전히 마음의 자유를 추구할 수 있으며, 매미가 허물을 벗듯 진정한 행복과 즐거움을 얻을 수 있다.

송풍십리시래왕松風十里時來往 소음봉두월일륜笑揖峰頭月一輪

옛날 어떤 부자가 있었다. 매년 금은보화가 가득 쌓여가지만 항상 즐겁지 않고 만족스럽지도 못했다. 그는 번뇌가 일 때마다, 앞쪽 초가에 사는 가난한 부부가 악기를 연주하고 노래를 부르며 무척 즐거워하는 것을 보았다. 가난한 생활에서도 어찌 저토록 즐거울 수 있는지 부자는 도저히 이해가 되지 않았다.

누군가 가난한 부부에게 20만 냥을 주고서 그들이 전처럼 여전히 즐거운지 보자고 제의하였다. 호박이 넝쿨째 굴러들어오다니. 갑자기 많은 돈을 얻게 된 가난한 부부는 이 재물을 어디에 보관해야 하나 이리저리 궁리하기 시작했다. 침대 아래에 두자니 안심이 안 되고, 서랍에 넣어두자니 너무 눈에 띄고, 베게 아래 놓자니 믿음직스럽지 못하였다. 결국 밤새 궁리하느라 한숨도 자지 못한 부부는 부자에게 당했다는 것을 깨달았다. 다음날 아침이 밝자마자 번뇌와 근심의 화근인 20만 냥을 부자에게 돌려주고 자유롭고 즐거웠던 자신들의 청빈한 생활로 돌아갔다. 돈이 세상에서 최고는 아니다. 돈으로는 즐거움을 살 수 없기 때문이다.

사람에게는 정신적인 귀의皈依를 추구하는 것이 물질적인 편안함을 좇는 것보다 더 중요하다.

천강에 비친

관리가 다니는 길 평탄하여,
지나는 사람 가리지 않고 잠시 머물게 하네.
길이 평탄하다고 위험이 없다 여기지 마라.
평지에도 구덩이 있음을 알아야 하네.

一條官路坦然平 無限遊人取次行
莫謂地平無險處 須知平地有深坑
_송宋, 자수회심慈受懷深

인간 세상에 평탄한 길이란 어떤 것일까?
 많은 사람이 관리가 되어 돈을 버는 길이 평탄하다고 생각하고, 수많은 사람이 공명의 길 위에서 서로 경쟁하듯 열심히 달려가고 있다. 하지만 길이 평탄하다고 위험이 없을 것이라 생각하면 안 된다. 사실 평탄한 길일수록 아무도 모르는 구덩이나 위험은 더 많을 수 있다.
 당나라 때 도림선사道林禪師는 늘 맨몸으로 나무에 올라가 새가 둥지를 틀 듯 그곳에서 살았기에 모두 그를 조과鳥窠선사라고 불렀다. 하루는 유명한 시인 백거이가 나무 위에 있는 조과선사를 보며 말했다.

"선사님, 나무 위는 너무 위험하니 그만 내려오십시오."

그러자 조과선사가 대답했다.

"위험한 것은 태수이지, 여기는 위험할 것이 아무것도 없소."

백거이는 속으로 생각했다.

'평평한 땅 위에 이렇게 편안하게 자리를 잡고 서 있는데 내게 무슨 위험이 있단 말인가?'

조과선사가 빙그레 웃으며 말했다.

"관리의 길은 위험하면서도 험난하지요. 군왕의 곁에 있음은 호랑이 곁에 있는 것과 같고 청운은 뜬구름처럼 정해진 것이 없으니 언제 어디서나 위험과 함께 있는 것이오."

"하늘은 바람과 구름을 예측하지 못하고, 사람은 길흉화복을 점치기 어렵다"고 하였다. 지금의 교통사고나 자동차사고는 어떻게 해서 발생하는 것인가? 때로는 구불구불하고 경사가 있는 언덕길이 도리어 안전할 수 있다. 모두 조심하기 때문이다. 평탄한 대로는 모두 경계심을 버리기 때문에 더 위험한 것이다. 그러므로 우리는 평소 생활 속에서 편하게 거하면서도 위험에 대비할 줄 알아야 한다. 맑은 날이나 흐린 날 모두 우산을 준비할 줄 알아야 하고 낮에 손전등을 준비하여 정전이나 깜깜한 밤을 대비해야 한다. 무릇 비오기 전 미리 우비를 입는 것이, 목이 마를 때에서야 우물을 파는 것보다 중요함은 더 이상 말할 필요가 없다. 사전에 예방하지 않으면 위험은 언제든 우리 주위에서 일어날 수 있다. 그러므로 지혜로운 사람은 언제 어디서나 삼가고 조심하여, 일이 닥쳤을 때 놀라고 당황하여 허둥대지 않는다.

천 강에 비친

매사 한 발 물러나 생각함이 최고이니,
어리석게 보이나 심신은 평안하네.
옻나무를 벗김은 쓰임 있다 여겨서이고,
등잔기름은 밤을 밝히고자 태우네.

萬事無如退步高 放敎痴鈍卻安然
漆因有用遭人割 膏爲能明徹夜熬

_송宋, 자수회심慈受懷深

만사무여퇴 보고萬事無如退步高
세상만사 물러났다가 전진하는 것보다 더 지혜로운 것은 없다. 명리를 위해 분투하고, 남들보다 앞서 나가려 종종 머리 깨지듯 싸우느라 참담하고 서로 얼굴을 붉히기도 한다. 돌아보면 더 넓은 세상이 있으니 한 발 물러나 생각함이 지혜로운 것이다. 마음이 맞지 않을 때는 양보하고 물러나며, 의기투합 하여서는 앞으로 나아가야 한다. 다툼은 천 년을 가고, 다투지 않음은 한 순간이다. 물러남은 커다란 깨달음이니 얼마나 자유롭고 거리낌이 없는가!

방교치둔각안연 放教痴鈍卻安然
사람은 살면서 어리석은 척하기 어렵다. 인생에서 가장 중요한 것은 지혜를 감추고 어리석은 것처럼 살아가는 것이다. 모난 돌이 정 맞는다고 지나치게 영리하거나 재능이 특별히 뛰어나지 않아도 된다.

칠인유용조인할 漆因有用遭人割
옻나무도 쓸 데가 있어 그 껍질을 벗긴다.

고위능명철야오 膏爲能明徹夜熬
등잔기름은 밝게 비출 수 있기 때문에 밤새도록 자신을 태워 불을 밝힌다. 지나치게 뛰어나면 그만한 대가를 치르게 된다.

그러니 세상에 반드시 다소의 특기는 가지고 있어야 한다고 여기지 말라. 주먹 좀 쓴다고 하는 사람도 종종 다른 사람에게 맞아 죽기도 하고, 물에 빠져 익사하는 사람 대부분이 수영할 줄 아는 사람이다.

이 경우에 어울리는 속담이 있다. '사향노루는 향기가 짙어 먼저 죽고, 누에는 실이 많아 일찍 죽는다〔麝因香重身先死 蠶因絲多命早亡〕.'

사향노루의 몸에서 나는 향내가 무척 귀하기 때문에 사향노루를 얻고자 서로 먼저 사냥하여 죽인다. 누에는 몸에 실이 많아 누에를 삶아 실을 뽑아내려 한다. 진귀하고 귀중한 것이 오히려 먼저 재난을 당한다. 사람으로서 가장 중요한 덕목은 관대하며 무던한 것이다. 만족할 줄 알고, 분수를 지키며, 매사 억지로 강요하지 말아야 한다. 강압적으로 얻은 물건은 자신이 마땅히 얻어야 할 것이 아니기에 부자연스럽다. 부귀와 공명은 반드시 필요한 것은 아니며, 당신 것이 아니라면 결국은 흘러가 버린다. 오로지 만족을 알고, 분수를 지키는 무던한 삶이 가장 좋은 것이다.

천 강에 비친

계곡물 소리는 모두 부처님의 설법이요,
산빛은 청정법신 아닌 것 없다.
밤 사이 들은 팔만사천 가지 게를,
후일 다른 이에게 어찌 전해 줄까나.

溪聲盡是廣長舌 山色無非淸淨身
夜來八萬四千偈 他日如何擧似人

_송宋, 소동파蘇東坡

계성진시광장설溪聲盡是廣長舌

불법은 어디에 있는가? 불법은 허공에 널리 퍼져 있다.

부처님은 어디에 계시는가? 부처님의 색신은 응당 생로병사에 있고, 부처님의 법신혜명은 광활한 세상 어디에나 널리 퍼져 있다. 시방세계에 두루 퍼져 있으며, 삼제(三際; 전세, 현세, 내세)에 끝 간 데 없이 퍼져 있어 존재하지 않는 곳이 없다.

이 선시에서는 '계곡물 소리는 모두 부처님의 설법이다'라고 말하고 있다. 부처님이 설법하는 음성을 듣고 싶은가? 그러면 들어보라. 부처님의 음성은 대자연 속에 살아 숨 쉰다. 끊길 듯 말 듯 졸졸 흐르는 물소리가 부처님의 크고 긴 혀로 내는 음성이다.

산색 무비 청정신 山色無非淸淨身

부처님의 모습을 보고 싶은가? '산 빛은 청정법신 아닌 것 없다'고 하였다. 보라. 푸르른 산 언덕이 바로 부처님의 청정한 법신이다. 부처님의 진리를 깨달은 사람은 일체 사물의 상相에서 인생을 꿰뚫어 보며, 어떠한 소리도 마음을 다해 들여다보기만 하면 깨닫는 바가 있다. 그것이 부처님이 설법하는 소리이다.

　예를 들어 갓난아기가 "응애" 하고 울음을 터트리며 나오자마자 새로운 생명 하나가 또다시 풍진 세상에 윤회하였음을 당신은 느낄 것이다. '아! 인생은 고苦라는 것을 부처님은 아이의 울음소리를 빌려 설법하고 있구나!' 그러므로 사람들끼리 다투고 욕하는 것을 보고서도 부처님의 가르침을 깨달을 수 있다. 싸우고 욕하는 것 역시 부처님이 설법하는 음성 아니겠는가? 이 도리만 이해한다면 부처님은 곧 우리 가운데 계신 것이다.

야래 팔만사천게 夜來八萬四千偈　타일여 하거 사인 他日如何擧似人

부처님과 우리 사이는 이처럼 가깝다. 또한 항상 우리에게 설법을 펼치고 계신다. 팔만사천 가지나 되는 오묘한 진리와 우주의 진리를 잘 깨달아 다른 사람에게 전해주어야 한다. 어떤 사람은 불교를 배우기 무섭게 문을 닫고 들어앉아 참선만 하려 들거나, 서둘러 자기 혼자 수행하여 홀로 이익을 얻고, 홀로 끝났다 마무리 지으니, 참으로 어리석고 안타까운 일이다. 우리가 이 게송을 올바로 이해하고, 세세생생 불법 안에서 살며, 시시각각 불법을 세상에 전하고, 위로는 네 가지 큰 은혜에 보답하고 아래로는 삼도(三塗; 지옥·아귀·축생)의 고통에서 구제할 수 있다면 인생의 참 의미가 바로 그 안에 있다 하겠다.

천 강에 비친

기울여 보면 고개요 옆에서 보면 봉우리라,
원근과 고저 따라 각기 다르네.
여산의 참모습을 알지 못함은,
내 몸이 산중에 머물기 때문이라네.

橫看成嶺側成峰 遠近高低各不同
不識廬山眞面目 只緣身在此山中

_송宋, 소동파蘇東坡

횡간성령측성봉橫看成嶺側成峰 원근고저각불동遠近高低各不同
이 게송은 송나라 때 대문학가인 소동파가 쓴 것으로, 여산廬山을 기울여보면 고갯마루 같고, 측면에서 보면 봉오리 같기도 하며, 멀고 가까운 거리에 따라 다르게 보이니 한편으로 높았다가 또 한편으로 낮아진다는 의미이다.

불식여산진면목不識廬山眞面目 지연신재차산중只緣身在此山中
우리는 매일 먹고 자고 일하느라 마음과 정신을 쏟으며 바쁘게 지내지만 정작 우리 자신이 어디에서 태어나 죽어 어디로 가는지 커다란 명제에 대해서 모르므로 생명의 참 의미를 확실히 깨달을 수 없고, 내 안에 가지고 있으면서도 다른 데서 찾으려고만 하니 이 어리석음이 참으로 한탄스럽다.

일곱 마리의 소를 가진 사람이 소 등에 타고 소의 숫자를 세어 보면 어떻게 세어도 항상 한 마리가 부족하였다. 걱정되어 내려와 다시 세어보면 이번엔 틀림없이 일곱 마리 모두 있었다. 다시 소 등에 타고 세어보니, 어이쿠! 또 한 마리가 없네. 이유가 뭘까? 자신을 잊은 까닭이다. 몸이 여산에 있어 여산의 진면목을 모른다는 것과 같은 이치이다. 우리가 신심身心의 질곡을 벗어나 우주의 각도에서 본다면 자신의 본래 모습을 볼 수 있을 것이며, 인생의 참모습도 알게 될 것이다.

옛날 한 소녀가 거울을 들여다보다가 얼떨결에 잠시 착각을 일으키게 되었다. 어머! 거울 속 사람이 머리가 없네. 다급한 마음에 제대로 생각조차 하지 못하고 혼란스러웠다. 문 밖으로 뛰쳐나가 여기저기 다니며 머리를 찾았다. "내 머리 내놔", " 내 머리 돌려줘"라며 보는 사람마다 붙잡고 머리를 달라 하였다. 길에서 우연히 한 스님을 만났는데, 역시 스님에게 매달리며 내 머리를 달라 소리쳤다. 그녀의 증세를 알아차린 스님이 머리를 세게 내려치자 소녀가 놀라 물었다.

"왜 때립니까?"

"소승이 어디를 때렸습니까?"

"내 머리를 때렸잖아요."

"그럼, 머리가 당신 몸에 있는데 왜 내게 머리를 달라 합니까?"

그 말 한마디에 깜짝 놀란 소녀는 꿈에서 깨어난 듯하였다.

우리는 모두 마음속에 무한한 보물을 갖고 있으면서도 정진하고, 분발하며, 향상할 줄 모른다. 마음속에서 찾고 캐려 하지 않고, 마음 밖에서만 진리를 구하려 하고 다른 사람의 도움을 받아 깨달음을 얻으려고만 한다. 내 집의 밭 두 마지기조차 경작하지 않고 다른 사람의 한 마지기 밭을 갈아주고 품삯을 조금 받으니 내 집 수확이 어찌 많겠는가?

내가 먼저 깨달음을 얻은 뒤라야 타인을 깨우쳐줄 수 있으며, 나를 먼저 도와야 남을 도울 수 있다. 마음 밖에는 가르침이 없으므로 자신의 불성을 진정으로 인식하는 것이야말로 가장 중요하다.

천강에 비친

사람은 모두 자식이 총명하길 바라지만,
나는 총명으로 일생을 그르쳤네.
자식만은 어리석고도 미련하여,
무탈하게 공경의 지위까지 오르길 바랄 뿐이네.

人皆養子望總明 我被聰明誤一生
唯願孩兒愚且魯 無災無難到公卿

_송宋, 소동파蘇東坡

인개양자망총명人皆養子望總明 아피 총명 오일생我被聰明誤一生
세상 사람들이 자녀를 낳아 기르며 바라는 가장 큰 소망은 자녀가 총명하고 영특한 것이지만 소동파 자신은 '나는 총명으로 일생을 그르쳤다'고 하여 오히려 자녀가 총명하지 않기를 이 게송에서 밝히고 있다. 소동파는 총명하였기에 평생 오히려 어리석음을 너무 많이 보았고, 재물을 지나치게 요구하는 자들로 무척 괴롭기도 했다.
    때로 지나치게 총명하면 다른 이의 시기와 비방을 받을 수도 있고, 총명한 것을 좋은 데나 좋은 일에 적절히 쓰기 어려우며 오히려 악의 뿌리가 자라도록 돕기도 한다. 현대의 지능형 범죄처럼 총명하면 도리어 그 총명으로 인생을 그르치게 되지 않던가?

유원해아우차노唯願孩兒愚且魯 무재무난도공경無災無難到公卿
소동파는 자기의 자녀만큼은 조금은 어리석고 또 조금은 정직하기를 바랐다. 어리석지만 정직한 자녀가 똑똑하면서도 어리석은 체하며 살 수 있고, 손해 보는 것이 오히려 좋다는 이치를 이해하여 착실하고 근면하게 노력하면 마찬가지로 '무탈하게 공경의 지위까지 오를' 수 있으니 교활하고 탐욕스러운 자식보다 훨씬 낫다.

총명한 사람은 일반 사람보다 몸이 더 괴롭고 귀찮은 일이 많다. 공부를 많이 한 사람일수록 번뇌도 더 많다. 지식이 인생의 복락福樂에 얼마나 도움이 될까 의심하는 사람도 있다. 선하게 쓰면 선한 지식이고, 악하게 사용하면 악법이 된다. 하지만 불법은 다르다. 불법의 지식은 분별하여 따져보는 것이 아니라, 분별하지 않으면서 깊이 연구하는 것이다. 어리석어도 좋고 미련해도 좋다. 솔직한 마음 자체가 도량이며 너그러움이 곧 원칙이 되어야 한다.

이 게송은 우리에게 다음과 같은 깨달음을 준다.
"총명함 외에도 도덕, 자비, 불법이 있어야 한다. 자신이 가진 약간의 총명함을 여기저기 자랑하지 마라. 다른 사람의 질시와 따돌림을 받을 수 있으며, 그로 인해 번뇌가 쌓이게 되느니라."

천강에 비친

부평초 같은 인생 무엇 같은지 아는가?
나는 기러기 눈밭에 잠깐 앉음과 같네.
눈밭에 우연히 발자국을 남기나,
기러기 어디로 날아갈지 어찌 아는가?

人生到處知何似 恰似飛鴻踏雪泥
泥上偶然留指爪 鴻飛哪復計東西

_송宋, 소동파蘇東坡

소동파가 지은 이 게송은 인생을 무척 깊고도 명확하게 형용하고 있다.

인생 도처 지 하사 人生到處知何似 흡사비홍답설니 恰似飛鴻踏雪泥
인생이란 물결 따라 하염없이 떠돌며 언제 어느 곳에서 사라져 흔적조차 없어질지 모르는 부평초와 같다. 또한 인생은 하늘을 떠돌며 어디에 안주할지 몰라 헤매고 다니는 구름과 같다. 뒤숭숭한 세계정

세 속에 돌아갈 나라를 잃고, 돌아갈 집을 다 잃은 사람이 부지기수이며, 부귀와 공명을 위해, 또는 안정된 생활을 찾느라, 더 나은 생활을 위하여 이곳저곳을 찾아다닌다는 것도 마다하지 않고 심지어 해외이민까지 가니 참으로 '부평초 같은 인생 무엇 같은지 아는가? 나는 기러기 눈밭에 잠깐 앉음과 같네'이다.

니상우연류지조泥上偶然留指爪 홍비나복계동서鴻飛哪復計東西
백조나 커다란 새가 눈 내리는 땅 위에 내려앉아 간혹 발자국을 남기지만 그나마도 잠깐의 흔적이며, 찰나의 순간 다시 날아가 버리니 그 자신인들 어디로 날아갈지 어찌 알겠는가.

생활 속에서 부부, 부모, 자녀, 친구라는 관계는 우연히 마주치게 되는 여행자와 같다. 여행길에서 우연히 만나 인사를 나누고 고개를 끄덕여주며 안부 몇 마디 묻고는 곧 각자의 길을 향해 걸어간다. 사람 사이의 관계는 우연히 만나 이루어지고 시간이 되면 각자 갈 방향으로 가게 되니, 더 무엇을 연연해 할 것인가?

생활하면서 인연을 따른다는 말을 모르면 늘 다른 사람과 다투게 되고, 분수에 맞게 일처리를 하지 않으면 결과가 적절하지 못하며, 조리에 맞게 말하지 않으면 원칙이 없어지고, 사람들이 믿고 따르지 않는다. 환경에 순응하여 만족할 줄 모르면 매일이 하늘에 떠다니는 구름과 같을 것이고, 언제 어디서나 다른 사람과 득실을 따지려 든다면 괴롭고도 번뇌가 가득한 나날을 보낼 뿐이다.

그러므로 불법의 생활이란 지나치게 집착하거나 연연해하지 않고, 인연 따라 자유롭고, 분수에 맞게 일을 하며, 이치에 맞게 말을 하고, 환경 따라 안주하며, 타인과 잘 지내고, 마음을 따라 자유로워지는 것이다. 우리가 깊은 깨달음을 얻기에 참 좋은 게송이다.

천강에 비친

한 나무에 봄바람 두 가지가 드니,
남쪽 가지 따뜻하고 북쪽 가지 춥네.
서쪽에서 온 뜻이 여기에 있거늘,
서쪽과 동쪽을 가를 것이 무엇 있는가?

一樹春風有兩般 南枝向暖北枝寒
現成一段西來意 一片西飛一片東

_송宋, 소동파蘇東坡

이 게송은 불인선사와 소동파, 진소유秦少游 세 사람 사이의 일화로 엮은 공안시이다.
　하루는 진소유와 함께 식사를 하던 소동파가 식탁을 천천히 기어가고 있는 이 한 마리를 보고 말했다.
　"사람 몸은 정말 더럽다니까. 보게, 몸에 있던 때가 이로 변하지 않았나."
　그 말을 듣고 진소유가 대답했다.

205

"사람 몸에 있던 때가 변해서 된 게 아니라 솜이 변해서 된 것일세."

한 사람은 때가 변해서 된 것이라 하고, 또 한 사람은 솜에서 생겨난 것이라 하였다. 자신의 주장이 옳다고 서로 우기다 다투게 되었다. 결국 불인선사에게 올바른 판단을 해주십사 청하기로 했다.

소동파가 먼저 불인선사를 찾아가 부탁을 했다.

"선사님, 저 좀 꼭 도와주십시오. 이는 때가 변해서 생긴 것이라 해주십시오. 그렇지 않으면 제가 소유에게 집니다."

불인선사는 웃으며 고개를 끄덕였다.

"좋습니다. 그리 하지요."

소동파가 떠나자마자 이번에는 진소유가 불인선사를 찾아와 부탁을 했다.

"선사님, 꼭 도와주셔야 합니다. 이는 솜에서 생긴 것이라 해주셔야 제가 동파에게 이길 수 있습니다."

불인선사는 이번에도 고개를 끄덕이며 대답했다.

"알겠소. 그리 하겠소."

두 사람은 불인선사가 자신을 도와줄 것이니 이길 것이 틀림없다고 확신하고 있었다.

다음날 두 사람 앞에 나타난 불인선사는 한마디 말로 두 사람의 논쟁을 깨끗이 매듭지었다.

"이로 말할 것 같으면 본디 머리는 때가 변한 것이요, 몸은 솜이 변한 것이네."

잠시 어리둥절했던 소동파와 진소유 두 사람은 약속이나 한 듯 불인선사의 지혜에 감복하였다. 어느 한 곳에도 치우침이 없이 두 사람의 분쟁을 해결하였으니 참으로 현묘하기 그지없다.

　이 게송은 분쟁을 해소시키는 묘방이다. 한 나무 두 가지에 봄바람이 불어온다. 남쪽의 가지는 따뜻한 쪽을 향해 뻗어 있고, 북쪽의 가지는 추운 쪽을 향해 가지를 뻗었지만, 두 가지 모두 한 나무에서 자라나지 않았나. 서쪽에서 온 현성(現成; 현재 이루어져 있는 것. 지금 있는 그대로를 말함)한 뜻을 굳이 옳고 그름을 가려 무엇하겠는가? 이가 뭐 대수로운 것이라고.
　불인선사는 소동파와 진소유에게 "동쪽이니 서쪽이니 두 사람 모두 논쟁할 필요가 없다"라고 충고한다.

천강에 비친

모래바람 헤치고 만 리를 정벌하며,
동서남북이 모두 내 집이라 여기네.
마음에 거리낄 것 하나 없게 되니,
고요한 마음 한 떨기 흰 연꽃이라네.

從征萬里走風沙 南北東西總是家
落得胸中空索索 凝然心是白蓮花

_원元, 야율초재耶律楚材

종정만리주풍사從征萬里走風沙
인생은 전쟁터처럼 기이하고도 다양한 일들이 많이 벌어진다. 장사하는 사람을 보자, 판매 전쟁이 너무나 치열하다. 학생은 시험을 위해, 더 높은 점수를 받기 위해 싸우니 교실도 전쟁터인 셈이다. 성인은 사회에서 자신의 이익을 위해 모든 수단을 가리지 않고 암투를 벌이며 서로를 공격하며 도의를 중시하지 않으니 더욱 무서운 전쟁터와 같다. 잠시라도 정신을 차리지 않으면 인생이라는 전쟁터에서 쓰러져 피 흘리며 죽게 된다.

남북동서 총시가 南北東西總是家
전쟁을 잘 하는 사람은 어디를 가도 두렵지가 않다. 상황에 따라 안주하고 득실을 따지지 않으며, 어디에서든 인연과 분수를 따르고 어디에서든 다른 이에게 편의와 도움을 주니, 더 많은 도움을 받게 되고 어디를 가도 내 집처럼 편한 것이 당연하다.

락득흉중공색색 落得胸中空索索
우리 마음속에 있는 선악의 씨앗은 많고도 복잡하다. 그 안에 감춰져 있는 득과 실, 옳고 그름, 영예와 치욕, 괴로움과 즐거움이 우리에게 주는 중압감 역시 크다. 잘 생각해 보면, 사람은 참 대단한 존재다. 겨우 6척의 몸으로 매일 인정에 얽힌 스트레스와 금전적 스트레스, 그리고 권력의 스트레스를 온몸으로 감내하고 있다. 몸과 마음에 쌓이는 늙고 병들고 죽는 고통, 탐진치의 고통, 사회에서 얻을 수 없는 것, 사랑과 이별 등의 수없는 고통에서 도망칠래야 도망칠 수 없다. 더구나 자연의 풍風, 수水, 화火의 재해와 전쟁 등 항상 중압감에서 발버둥치고 있다. 이와 같은 마음속 수많은 것들을 모두 털어버리고 마음을 텅텅 비워 가볍게 하여야 하며, 아무것도 마음속에 놓아두지 말고, 모든 것을 포용할 수 있는 포대화상처럼 일체의 시시비비와 번뇌를 전부 건곤대(乾坤袋; 포대화상이 가지고 다니는 자루)에 넣어야 한다.

응연심시백련화凝然心是白蓮花

우리가 법당에 들 때 타인과의 시시비비를 밖에 놔두고, 선방을 들 때 득실을 밖에 놔두고 들어갈 수 있다면, 우리 마음은 흰 연꽃처럼 청정함이 사방에 진동을 하고 순수하고 맑아 사랑하지 않을 수 없을 것이다.

천 강 에 비 친

경전으로 전해오는 말이 더 가깝지만,
풀이하느라 새로운 뜻으로 바뀌기 쉽고,
사람들은 남의 말 듣기 좋아하나,
말이란 예로부터 살인도 할 수 있다네.

紙上傳來說得親 翻腔易調轉尖新
世人愛聽人言語 言語從來賺殺人

_원오, 천여유즉天如惟則

지상전래설득친紙上傳來說得親 번강이조전첨신翻腔易調轉尖新
세상의 언어는 의지할 바가 못 된다. 선禪은 따로 언어나 문자를 세우지 않는 데 참 뜻이 있다. 또한 선은 언어 문자 외에 자기의 본래 마음을 직접 파악하여야 도를 깨우칠 수 있다. '경전으로 전해오는 말이 더 가깝지만' 하는 것처럼 종이 위의 문자가 더 친숙하게 보여 기쁘지만 문자는 '풀이하느라 새로운 뜻으로 바뀌기 쉽다.' 사람마다 해석이 틀려 편견과 오해를 불러일으키기 쉬운 것이다.

211

아난존자는 가섭존자의 의발衣鉢을 이어받아 선문의 제2대 조사가 되었으며 백이십 세까지 살았다. 하루는 길을 걸으며 게송을 읊조리고 있는 사미승을 보게 되었다.

"사람이 백세를 살아도 물가의 늙은 학을 보지 못하면, 그것을 보며 하루를 사는 것만 못하다〔若人生百歲 不見水潦鶴 不如生一日 而能得見之〕."

아난존자가 그 소리를 듣고 사미승을 불러 말했다.

"사미야! 너는 게송을 잘못 외우고 있구나. '백 세를 살면서도 생멸법을 풀지 못하면 하루를 살더라도 그것을 풀어 벗어남만 못하다'라고 읊어야 한다."

그 말을 들은 사미승이 스승에게 돌아가 아난존자의 말을 그대로 전하자 스승은 다음과 같이 말했다.

"늙은 아난존자가 하는 말을 곧이곧대로 듣지 마라. 이제는 늙어서 무엇이 불법인지도 모를 것이다."

너무도 쉽게 해석을 바꾸는 것을 본 아난존자는 바른 진리를 전달하는 데 이토록 많은 장애가 있다는 것을 느끼며 개탄하였다.

세인애청인언어 世人愛聽人言語

세상 사람들은 다른 이가 말하는 것을 듣기 좋아한다. 거짓말도 백 번을 얘기하면 어느새 진리처럼 생각된다. 헛소문도 몇 사람을 거쳐 전달되면 완전히 앞뒤가 뒤바뀐다. 일제시대 때 이야기이다. 일본은 비행기 한 대를 투입해 충청에 폭탄을 투하하였다. 경보 싸이렌

이 울리자 모두 비행기가 몇 대냐고 물었다.

"비행기 한 대요."

하지만 그걸 열한 대라고 들은 사람에 의해 어느새 비행기 열한 대가 왔다고 전달되었다. 그 뒤에 누군가 몇 대냐고 묻자, 그 열한 대를 구십한 대라고 잘못 듣게 되어 결국 숫자는 엄청 늘어났다. 비행기 한 대가 세 사람을 거쳐 전해지면서 결국 구십한 대까지 변하게 되었으니 이 얼마나 무서운 일인가!

언어 종래 잠살인 言語從來賺殺人

그러므로 '말이란 예로부터 살인도 할 수 있다'고 하였다. 말이란 허황되어 함부로 믿을 것이 못 된다. 불교에서는 자신과 법을 귀의처로 삼아야 하며, 다른 것을 귀의처로 삼으면 안 된다고 한다. 자성에 의지해야 하며 절대 언어와 문자에 의지하지 말아야 한다는 뜻이다.

천강에 비친

천 번의 두드림과 백 번의 담금질 뒤 심산을 나오니,
세찬 불길에 한가할 틈이 없네.
온몸 부서지고 가루가 되어도 원망 없고,
청백만을 이 세상에 남길 뿐이네.

千錘百鍊出深山 烈火焚燒莫等閒

粉身碎骨都無怨 留得淸白在人間

_명明, 우겸于謙

이 시는 석회石灰의 일생을 묘사하여 쓴 것이다.

천추백련출심산千錘百鍊出深山
이 첫 구절은 깊은 산속 광맥을 찾아 광석을 캐오는 것이다.

열화분소막등한烈火焚燒莫等閒
이 구절은 가마로 옮겨진 다음 뜨거운 불에 태워지고, 강도 높은 열기를 견뎌낸 후 돌은 횟가루로 변하게 되며, 그리고 나서야 벽을 칠하는 데 쓰여지는 과정을 읊었다.

분신쇄골도무원粉身碎骨都無怨 **유득청백재인간**留得淸白在人間
석회는 '온몸 부서지고 가루가 되어도 원망이 없다.' 그저 '청백만을 이 세상에 남길 뿐이다.' 석회는 비로소 자신을 이루었으며, 또한 세상을 이루어냈다.

인간도 석회처럼 거듭되는 시련을 견뎌내고 사회에서 인간적 냉대와 사랑, 금전적 득실, 생활상의 빈부, 그리고 모든 냉소와 수모, 칭찬에 대해 항상 평상심을 가지고 대해야 한다. 세상은 불난 집과 같고, 원성으로 가득 찬 성과 같아, 힘겹고 고통스러운 홍진 세상에서 일하는 것은 열기 가득한 가마 속에서 태워지고 있는 것과 같다.

사업상의 성공을 이루기 위해, 평생의 이상을 실현하기 위해서라면, 억울함도 잠시 참고 모욕도 감내하는 정신을 가져보는 것이 어떤가? 다른 사람을 위해 기꺼이 봉사한다는 태도로 온몸 부서지고 가루가 되어도 원망 없이 희망을 실천해 나가야 한다. 몸을 사리지 않고 용감하게 앞으로 나아간다면 자신과 가족의 몸과 생명이 모두 이 세상에 청백하게 남을 것이다. 부처님의 가르침을 이루고, 거룩한 진리를 이루고, 중생을 이루게 되는 것이 '생사초월生死超越'의 극치가 아닐까?

살면서 직업적 고통과 정신적 번뇌가 겹겹이 쌓여 하루도 이처럼 고통스럽지 않은 날이 없다. 우리는 힘써 벗어나도록 노력하여야 한다. 번뇌라는 고통의 바다에서 벗어나, 보리의 경계에 들어야 한다. 한 순간의 잘못된 생각으로 큰일을 그르치게 되어 세상에 깨끗함을 남길 수 없으니 절대 그래서는 안 된다. 뒤늦게 후회하고 다시 돌아보면 때는 이미 늦으리니 무엇도 돌이킬 수 없다.

천강에 비친

수천 년 동안 먹어온 그릇 속 국,
원성은 바다를 이루고 한은 사라지지 않네.
세상에 전쟁이 왜 일어나는지 알고 싶다면,
한밤 도살장 소리를 들어 보라.

千百年來碗裡羹 怨聲如海恨難平
欲知世上刀兵劫 但聽屠門夜半聲

_명명, 원운願雲

이 게송은 세상 사람들에게 자비심을 내고 살생의 마음을 줄이기를 권하는 내용이다.

천백년래완리갱千百年來碗裡羹
오랜 옛날부터 우리 식탁에, 그릇 안에, 국 속에 있던 것들은 모두 동물의 생명과 몸을 살생한 뒤 끓여 만든 것이었다.

원성여해한난평 怨聲如海恨難平

그 수많은 생명이 아무런 이유 없이 살해당하여 우리 입을 즐겁게 하는 데 쓰였으니 그 소리 없는 원한이 가라앉지 않는 파도가 되어 바다처럼 깊고도 넓다.

욕지세상도병겁 欲知世上刀兵劫 단청도문야반성 但聽屠門夜半聲

먹겠다는 한 순간의 욕심으로 살생을 하면 반드시 또 다른 인과因果를 짓게 된다. '세상에 전쟁이 왜 일어나는지 알고 싶다면, 한밤 도살장 소리를 들어보라'가 이를 잘 묘사한 구절이다.

현대 세계로 눈을 돌려보자. 참으로 흉폭하고 잔인하기 그지없다. 사람과 사람, 나라와 나라가 서로 흉기를 들이대며 상대방을 해친다. 세상에 전쟁이란 재난은 어디에서 오는 것일까? 한밤 도살장에서 슥삭슥삭 칼 가는 소리를 듣기만 하여도 탐욕이 불같이 인다는 것을 안다. 이러한 인이 있기에 자연 사회에는 그에 상응하여 원망과 증오가 초래되는 과果가 일어나게 된다.

불문에서는 사람들에게 채식하기를 권한다. 지나치게 먹는 것에 연연해하지 말고 자비심을 배양하는 데 더욱 힘써야 한다. 유교에서는 '그 살아 있음을 보고는 차마 그 죽는 것을 보지 못하고, 그 죽는 소리를 듣고는 차마 그 고기를 먹지 못한다'라는 말이 있다. 자비와 연민의 마음이 곧 인간정토이다.

캐나다에서는 낚시를 할 때 잡은 물고기가 1척이 안 되면 가져갈 수 없으며 다시 놓아주어야 한다고 한다. 이것은 생태계를 보호하는 방법이다. 영국 사람은 한 쪽 다리가 잘린 거위를 위해 의족을 달아 줬다 하여 감동을 불러일으키기도 했고, 미국 뉴욕 양키즈 팀의 투수는 갈매기 한 마리를 때려죽였다고 하여 군중의 공분을 사 해직되기도 했다. 현대의 부모들은 자녀가 자비심을 배양할 수 있도록 교육시켜야 한다. 아이들이 귀뚜라미, 금붕어, 벌레 같은 작고 여린 동물들을 가지고 놀면서 실로 묶는다든가 가는 철사로 작은 동물들을 찌른다든가 하는 행동을 하면 생명을 아끼고 소중히 여기도록 충고해야 한다.

'권하노니 그대 나뭇가지로 새 때려죽이지 마시오. 어린 새끼 둥지에서 어미새 돌아오길 기다린다오〔勸君莫打枝頭鳥 子在巢中望母歸〕'라는 시도 있다. 어려서부터 자비와 연민을 알면 아이가 커서 사회에 대해 긍정적인 공헌을 할 수 있고, 그리하여 화목하고 안락한 나라가 될 것이다.

천강에 비친

하늘은 장막이 되고 땅은 융단이 되니,
해와 달과 별이 나와 함께 잠을 자는구나.
한밤중 감히 다리를 뻗지 못하는 것은,
바다 위 하늘에 닿을까봐서이다.

天爲羅帳地爲氈 日月星辰伴我眠
夜間不敢長伸足 恐怕踏破海底天

_ 명明, 주원장朱元璋

이 게송은 명나라 시조인 태조 주원장이 지은 것이라 전한다. 그가 황각사皇覺寺에서 사미로 있던 시절, 하루는 아주 늦게 사찰로 돌아오게 되었다. 날은 이미 어두워졌고, 산문은 이미 닫혀버려 산문 밖에서 잠을 청할 수밖에 없었다. 바닥에 누워 하늘 가득한 별을 바라보며 그는 자신도 모르게 이 게송을 읊었다.
 '하늘은 나의 장막이요, 땅은 나의 양탄자이며. 일월성신이 나와 함께 잠든다. 발을 뻗으면 바다 속에 닿을까봐 꿈속에서도 나는 감

히 발을 뻗을 수가 없다.'

주원장이 젊은 시절부터 결코 평범하지 않고 포부가 웅대했음을 이 게송을 통해 알 수 있다. 현대의 청소년들도 주원장처럼 뜻을 세우고, 개인의 보잘 것 없는 이익에 연연해하지 말며, 눈앞의 금전적 득실에 급급해하지 말아야 한다. 먼 미래로 눈을 돌려 대중의 공익을 중시하고 국가와 사회를 위해 큰 책임을 맡아 나가야 한다. 지금 당장 깨지기 쉬운 인아시비人我是非를 보지 말고 장래의 아름다운 날들을 내다보아야 한다.

자신의 사사로운 욕심과 작은 이익을 위해 다투는 사람은 포부가 너무 작고, 눈이 너무 낮으며, 속이 무척 좁은 사람이다. 작금의 사회에서는 대중을 생각지 않고 소소한 나 하나만을 생각하는 사람은 큰일을 성취하기 어렵다. 미래로 눈을 돌리지 않고, 눈앞의 것만을 보는 사람은 어느 정도 이상의 성취를 이루기는 어렵다.

성현이 위대한 것은 포부를 넓게 가지고 원대한 뜻을 세워 천하를 위하고 사회 대중을 이롭게 하는 것이 자신의 책임이자 의무라는 마음가짐으로 한 걸음씩 내딛었기 때문이다. 지금의 청년들은 사회와 국가의 입장에서 먼저 미래지향적이고 대중적인 마인드로 국제적인 안목을 가져야 하며, 더 넓은 포부를 지녀야 큰 성공과 대업을 거둘 수 있고 보살의 기개가 넘칠 것이다.

천강에 비친

근본으로 돌아감은 집에 돌아감이니,
현묘할 것도 자랑할 것도 없다.
맑은 한 조각 진여 본성도,
한 순간의 잘못된 생각으로 인해 잃어버린다.

返本還源便到家 亦無玄妙可稱誇
湛然一片眞如性 迷失皆因一念差

_ 명明, 부봉보은浮峰普恩

반본환원변도가返本還源便到家 역무현묘가칭과亦無玄妙可稱誇
사물에는 근본이 있고, 물에는 근원이 있으며, 인간에게도 본래의 모습이 있다. 우리들은 어떻게 하면 본래의 모습으로 돌아갈 수 있을까? 어떻게 하면 진여본성을 되찾을 수 있을까? 이 게송으로 보건대 어머니가 낳기 전 자신의 모습을 찾으려 해도 현묘한 방법은 없다.

담연일편진여성湛然一片眞如性 미실개인일념차迷失皆因一念差

모든 사람의 본진本眞, 본성本性, 본래 모습은 맑고 환한 푸른 하늘처럼 한 점의 오염도 없으며, 맑고 커다란 거울과 같다. 평소 번뇌와 무명이라는 먼지에 가려져 본진을 잃어버리고 생사의 바다에서 고통을 받고 있다. 사실 천당이나 지옥은 모두 우리의 한 순간 생각에 달린 것이니 어느 것이 정말 좋고 나쁜 건지는 상관없다.

누군가 천당과 지옥이 어떻게 다른가라고 묻는다면 사실 젓가락 한 쌍 정도의 차별이 있을 뿐이라고 대답할 것이다.

지옥에 떨어진 사람은 밥을 먹을 때 한 자나 되는 젓가락을 사용하는데, 젓가락이 너무 길어 반찬을 집어도 입에 닿지 않는다. 왼쪽의 반찬을 집었다 싶으면 왼쪽 사람이 뺏어먹고, 오른쪽의 반찬을 집었다 싶으면 오른쪽 사람이 날름 먹어버린다. 자신은 늘 먹지 못하고 서로 싸우게 되니 결국 편안할 수가 없다. 천당에 간 사람들 역시 밥 먹을 때 한 자 되는 젓가락을 사용한다. 하지만 모든 사람은 반찬을 집을 때 자신의 입으로 가져가지 않고 맞은편에 있는 사람에게 먹여주고 맞은편에 있는 사람은 또 반찬을 집어 이쪽 사람에게 먹여준다. 내가 당신을 돕고 당신이 나를 도우면서 서로 존중하고 칭찬해주니 무척 즐겁고 기쁘게 생활한다.

그러면 천당과 지옥은 어떻게 구분 지을까? 그것은 오로지 자신에게 달려 있다. 본성이 착하고, 수모도 받아 넘기며, 기꺼이 도와주고자 한다면 천당에 사는 사람이고, 이기적이고, 집착하고, 따지고, 번뇌가 끊이지 않는다면 지옥에 사는 사람이다. 그러므로 '한 순간의 잘못된 생각으로 인해 잃어버린다'고 하였다.

순치황제(청나라 제3대 황제)는 "황포 대신 가사와 장삼으로 갈아입었네, 아마도 그 옛날 한 순간 착각으로 인하여, 나 본래 서역의 납자衲子였는데, 어찌하여 제왕의 가문에 태어났단 말인가?"라고 말한 적이 있다. 제왕의 가문에 태어났더라도 자신의 진여본성을 찾지 않으면 길을 잃고 번뇌하며 인간지옥에 떨어지는 것은 같다. 자신의 참 생명을 찾았다면, 현실에 따라 안주할 수 있다면, 그곳이 어디라도 편안하고 즐거운 천당에 머무는 것과 같다.

천강에 비친

마음에 한가함 드니 비로소 한가롭다.
마음이 한가로워 산중에 머문다 하겠네.
산에 머물면 한가로운 생활만 남지만,
마음이 한가롭지 않으면 머물기 더욱 어렵다.

閒到心閒始是閒 心閒方可話居山
山中膽有閒生活 心不閒時居更難

_ 명명, 서중무온恕中無慍

우리는 한가로운 구름이나 들녘의 학과 같은 생활을 꿈꾼다. 깊은 산중에 은거하여 번잡한 속세의 일 다 잊고, 인정에 얽매인 번뇌와 걱정도 없이 홍진세상을 등진 은둔자처럼 유유자적한 생활을 누리고 싶어 한다. 하지만 이처럼 유유자적한 삶을 모든 사람이 다 누릴 수 있는 것은 아니다. 굳건한 신념 없이 깊은 산에 은거하는 것은 초목과 함께 썩어가는 것과 다를 바 없다. 스스로 마음을 다해 갈고 닦지 않고 산에 은거한다 말하지 말라. 천당이나 극락세계에 산다고 해도 불佛, 법法, 승僧을 염하지 않으면 아무 소용없는 것이다.

불교에서는 다음을 항상 강조한다. 깊은 산중에 머물기 원하면 먼저 사물을 꿰뚫어보고 번뇌를 깨친 다음에야 산에 들 수 있고, 폐관하기를 원하면 먼저 깨달음을 얻어야 한다. 깨달음을 얻지 못하면 폐관할 필요가 없다.

한도심한시시한閒到心閒始是閒

처음 도를 배우는 사람은 인간세상이라는 현실을 당장 벗어나려고 하지 말아야 한다. 산중에 머물고 싶다면 '마음에 한가함이 드니 비로소 한가롭다'라는 이치를 알아야 한다. 마음이 한가로워 거리낌이 없어야 정말 한가한 것이다. 많은 사람이 몸은 바쁘면서도 마음은 한가로이 지낸다. 물론 반대로 몸은 한가하면서 마음만 바쁜 사람도 많다. 일은 제대로 하지 않고 산에 사는 것이 곧 수행이라 여기고 그것만 생각하지만, 게으른 마음을 우상이라 여기는 것이다. 마음이 여유롭고 한가로워져야 산에 머물며 수행할 수 있다. 불문에는 많은 사람이 오고 가지만 마음은 더욱 한가하여 날짐승들 자유로이 날아다니는 것을 그대는 보지 못했는가?

심한방가화거산心閒方可話居山

마음이 한가로워져야 산에 머물겠다고 말할 수 있다. 마음이 한가롭지 못하면 산에 머물 수 없다.

산중승유한생활山中勝有閒生活

그렇다. 산에서는 늘 한가로이 생활한다. 한가로운 생활이란 속세일 일체를 내려놓는 것이며, 세상의 시시비비를 내려놓는 것이다. 몸은 산에 있으면서 마음은 시장에 가 있다면 몸이 시장에 있고 마음은 산에 있는 것보다 못하다. 현대인들 중에는 마음을 쓰는 사람도 있고, 힘을 쓰는 사람도 있지만, 몸도 마음도 힘쓰지 않는 사람도 있다. 무심도인無心道人은 세상 모든 것에 대해 소유하지도 집착하지도 연연해하지도 않는다.

심불한시거갱난心不閒時居更難

이것을 해낸다면 물론 더 이상 좋을 것이 없다. 하지 못한다면 마음이 한가롭지 못하니 산에 산다고 해도 즐겁지 않을 것이다. 산에 살건 바닷가에 살건 상관없이 사람은 어디에 사느냐가 중요한 것이 아니라 마음이 한가로운지가 가장 중요하다.

천강에 비친

한 치의 시간은 한 치의 금과 같으니,
일찍 마음 돌려 염불하길 권하노라.
봉황과 용이 누각을 오르듯 귀한 신분 되어도,
늙고 추한 모습은 면키 어렵다.

一寸光陰一寸金 勸君念佛早回心
直饒鳳閣龍樓貴 難免雞皮鶴髮侵
_ 명명, 초석범기楚石梵琦

사람들에게 염불하기를 권유하는 게송이다. 사람은 늘 염불할 시간이 없다고 한탄하지만 사실은 시간이 없는 것이 아니라 염불하고자 하는 마음이 확고하지 않은 것이다. 사업하면서 돈 벌 시간, 밥 먹을 시간, 잠잘 시간, 여행갈 시간은 있으면서 염불할 시간은 없단 말인가? 당신이 한 일, 벌어들인 돈은 당신 것이 아니며 손 한 번 흔들면 어느새 연기처럼 사라질 것들이다. 오로지 염불한 공덕만이 자신의 것이며 삼세십생三世十生의 업력인 것이다. 세상 사람들은 우매하여 자신의 것을 수행 정진할 줄 모르고, 자기 것이 아닌 것만 오히려 연연해하며 다투고 집착에 빠져 얻으려고 애쓴다.

일촌광음일촌금一寸光陰一寸金 권군염불조회심勸君念佛早回心

보라! 시간은 화살과 같고 세월은 베틀의 북과 같아 한 치의 시간은 한 치의 금이라 했다. 부평초 같은 인생에도 한계가 있으니 시간은 귀한 것이다. 인생에 허비할 시간이 얼마나 있는가? 무상한 세상의 괴롭고 허망함을 생각하고, 일찍 마음을 돌려 염불에 전념하는 것이 낫다.

당나라 때 시인 백거이 역시 염불수행을 하였으며, 이는 그가 쓴 시 한 편에 잘 형용되어 있다.

내 나이 거진 칠십! 이젠 더 이상 시 짓지 않으려네.
경전을 보자 하니 눈이 침침하고 지은 복 달아날까 두렵네.
무엇으로 마음의 위안을 삼을까? 아미타불 명호 한 마디라네.
아침에도 아미타불 외우고, 저녁에도 아미타불 외우네.
화살이 지나는 것처럼 바쁘더라도, 아미타불을 떠나지 않네.
도를 깨친 이 나를 보고 웃으며, 아미타불을 더 많이 외우라 하네.
깨우친 다음에는 무엇을 하며, 깨우치지 않은들 어떠하리.
법계의 중생에게 권하노니, 함께 아미타불을 암송하세.
余年近七十 不復事吟哦　看經費眼力 作福畏奔波
何以慰心眼 一句阿弥陀　早也阿弥陀 晚也阿弥陀

縱饒忙似箭 不離阿弥陀　達人應笑我 多卻阿弥陀

達又作麼生 不達又如何　普勸法界衆 同念阿弥陀

우리가 인간세상에서 한 번 '아미타불'을 외치면 서방 극락세계의 팔공덕수八功德水 연못에 연꽃 한 송이가 피어난다고 한다. 그러므로 부처와 마음이 하나 되는 순간까지 열심히 염불하면 마음이 홍진세상의 속박을 받지 않고, 절대적인 광명의 해탈 경지에 오르게 되니 우리가 곧 부처이고 부처가 곧 우리가 된다.

직요봉각용루귀直饒鳳閣龍樓貴 난면계피학발침難免雞皮鶴髮侵
당신이 한평생 부귀를 갖고, 고관대작의 신분으로 영화를 누린다 해도 이는 그저 환영일 뿐이다. 세월은 사람을 그냥 두지 않는다. 머지않아 쭈글쭈글하고 추한 얼굴이 되고, 늙고 힘들어 움직일 기력조차 없게 된다. 무상이 도래하는 순간 모든 것이 멈추게 될 터인데 너의 것은 또 뭐가 남아 있겠는가? 맑은 날 우산을 준비하지 않으면 비가 올 때 어떻게 할 것인가? 낮에 등잔을 준비하지 않으면 밤이 되어 어두워진 다음에는 어찌할 것인가? 삶은 지극히 짧은데 죽음에 이르러서는 어찌할 것인가? 염불을 더욱 많이 하고, 짧은 시간이라도 더욱 아껴서 생명의 식량을 서둘러 준비하기를 모두에게 권한다.

천강에 비친

염불은 마음을 내어 외우는 것,
마음이 곧 부처이니 부처를 찾지 마라.
눈앞에 보배로운 나무와 공덕 가득한 연못 있는데,
밤낮 법음만 전파해 무엇하는가.

念佛無非念自心 自心是佛莫他尋
眼前林樹並池沼 晝夜還能演法音

_ 명명, 태암보장몽암普莊

우리는 늘 '아미타불, 아미타불' 쉬지 않고 염불을 한다. 그러면 누군가 이렇게 물을 것이다.
 "부처님께서는 왜 우리에게 염불을 하라고 하죠?"
 "부처님을 염불하는 것은 한 번으로 족하지 않을까요? 왜 쉬지 않고 외우라는 걸까요?"
 어린아이는 쉬지 않고 엄마를 부른다.
 "엄마."

"응? 왜 그러니?"

"엄마."

"왜 그러는데?"

"엄마." "무슨 일인데 그래, 말해."

짜증이 난 엄마는 화를 내며 소리를 지른다.

"왜 자꾸 불러, 귀찮게."

그러면 오히려 아이가 묻는다.

"난 겨우 몇 마디 불렀을 뿐인데 엄마가 귀찮으면, 엄마는 매일 아미타불, 아미타불 노래를 하는데 아미타불은 귀찮지 않아?"

아미타불은 물론 사람과 다르다. 자식을 사랑하는 마음이 있긴 하지만 지나치면 어머니도 원망하고 성을 내지 않을 수 없다. 하지만 부처님은 성냄이 없다. 부처님은 자신의 원력에 의지해 우리에게 염불하라는 것이며, 염불하는 정성만큼 부처님의 마음과 서로 호응한다. 말은 염불이라 하지만, 외우면서 우리 자신의 마음이 얼마나 호응하느냐라는 말이 더 옳을 것이다.

염불무비념자심念佛無非念自心 자심시불막타심自心是佛莫他尋
진정으로 염불하려면, 마음이 곧 부처님이며, 부처님이 곧 마음이라는 태도를 지녀야 한다. 영축산에 계신 부처님을 멀리서 찾지 마라. 영축산은 우리 마음속에 있으므로 유심정토 자성미타(唯心淨土 自性彌陀; 내 마음 밖에는 아미타불도 정토도 없다)라는 설법이 있는 것이다. 우리의 자성 속에는 본래 모든 부처님과 여래의 마음이 갖춰져 있는 연유이다.

안전임수병지소眼前林樹並池沼

서방 극락세계에는 칠보행수七寶行樹, 칠중누각七重樓閣, 팔공덕수八功德水 등 갖가지 아름답고 장엄한 것들이 많다. 우리의 청정한 자성에도 지금 이러한 공덕들이 갖춰져 있다.

주야환능연법음晝夜還能演法音

우리는 어둠 속에서도 꺼지지 않는 선심善心을 잘 간직하고 마음으로 끊임없이 자아를 격려하여 언제나 부처님을 생각하고, 진리를 생각하고, 스님을 생각하는 것을 잊지 않아야 한다. 염불할 때도 반드시 염주를 사용해야 하는 것은 아니다. 전봇대를 보며 하나씩 순서대로 세면서 부처님의 명호를 부르면, 전봇대가 곧 염주인 것이다. 밭을 보고 한 뙈기씩 세 나가면 밭이 곧 염주가 된다. 사람을 보고 한 사람씩 차례차례 세어 나가면 사람이 곧 우리의 염주이다. 그러므로 대지와 산하, 일체의 중생 모두가 염주이자 불심을 이어주는 다리이므로 일체가 곧 부처요, 부처가 곧 일체이다. 나와 부처는 둘이 아니며, 따로 떨어질 수 없다.

불성을 불러내고, 자신 속에 감춰진 주인공을 불러내는 것이 불도를 배우는 가장 중요한 일이다.

천강에 비친

사람마다 불성을 가지고 있어,
밤낮으로 항상 빛을 밝히네.
눈썹을 제거하고도 스스로 볼 수 있다면,
뭣 하러 특별히 서방에 예를 올리러 가는가?

人人自己天眞佛 晝夜六時常放光
剔起眉毛觀自得 何勞特地禮西方

_명명, 태암보장呆菴普莊

인인자기천진불人人自己天眞佛

불도를 배우려면 자신을 인식하고, 자신을 존중하며, 자신을 긍정적으로 봐야 한다.

'인인자기천진불人人自己天眞佛'은 모든 사람이 불성을 구비하고 있다는 것이다. 불성은 외부에서 얻는 것이 아니라 사람마다 본래 구비되어 있고, 가지고 있는 것이다. 소동파가 불인선사에게 다음과 같이 물은 적이 있다.

"우리는 염주를 손에 쥐고 관세음보살을 부르는데, 관세음보살은 염주를 들고 누구를 부릅니까?"

"관세음보살을 부르지요."

"관세음보살은 왜 자신을 부릅니까?"

"스스로에게 구함이 다른 사람에게 구함보다 낫기 때문이지요."

우리는 늘 자신을 잃고 마음 밖에서 진리를 구하려 하니, 어찌 본래의 모습을 찾을 수 있겠는가?

배휴裵休라는 재상이 사찰에 들려 예불을 드릴 때, 벽에 걸려 있는 초상화 한 폭을 보고 물었다.

"이 초상화는 누구를 그린 것입니까?"

사찰의 승려가 대답했다.

"큰 스님의 초상화입니다."

"초상화는 이미 봤는데, 초상화 속 고승은 어디에 계시오?"

절의 대중이 어찌 대답해야 할지 몰라 망설이자 배휴가 다그쳐 물었다.

"사찰에 참선하는 분이 있습니까?"

"황벽희운黃檗希運이란 분이 선禪에 대해 아십니다."

황벽 스님이 나오자 배휴가 목소리를 높여 물었다.

"고승의 초상화는 내 이미 봤는데 고승은 어디에 있소?"

그러자 황벽 스님이 큰소리로 배휴의 이름을 불렀다.

배휴가 놀라 얼떨결에 "여기 있소" 하고 대답했다. 황벽 스님이 웃으며 말했다.

"고승이 이미 여기 있거늘, 어찌 다른 곳에서 찾으려고만 하시오."

그러므로 우리는 자신을 망각하지 말아야 한다. 사람마다 불佛, 법法, 승僧이라는 자성의 삼보三寶가 갖춰져 있고 진여불성이 언제나 마음속에서 빛을 밝히고 있다.

주야육시상방광晝夜六時常放光

낮과 밤 6시간이란 옛날 인도에서 시간을 계산하던 방법이다. 중국은 낮 12시간, 밤 12시간으로 시간을 계산했지만, 인도에서는 낮을 초일분初日分, 중일분中日分, 후일분後日分 3시간으로 나누고, 밤을 초야분初夜分, 중야분中夜分, 후야분後夜分 3시간으로 나눴다. 그러므로 낮과 밤 모두 6시간이며, 항상 빛을 발한다고 말한다.

척기미모관자득剔起眉毛觀自得 하로특지예서방何勞特地禮西方

이 글귀는 '영축산은 당신 마음속에 있다'는 것이다. 그러니 굳이 밖에서 찾을 필요 없이 자신을 긍정하고 존중해야 한다. 특별히 서방세계를 찾아 예를 올릴 필요 없이 자신의 마음속 진여불성을 알아야만 한다.

천강에 비친

속세의 그물에서 연민으로 삼십 년 보내네,
어제 그르고 오늘 옳으니 논하지 말라.
가족 친구 다 잊고 자신조차 잊음은,
여름날 나무 그늘 아래 쉬기 좋아하기 때문이네.

塵網依依三十春 昨非今是不須論
息交豈獨忘知己 爲愛吾廬夏木陰

_명명, 연지대사蓮池大師

이 게송은 명나라 때 연지대사가 처음 불문에 들어 도학을 배울 당시의 마음을 읊은 것이다.

진망의의 삼십 춘塵網依依三十春
속세에 사는 것은 그물 속에서 살아남은 물고기와 같다. 속세라는 그물 속에서 부모를 그리워하고, 고향을 그리워하고, 친구를 그리워하며 30여년을 그리움 속에서 미망하게 보냈다. 아쉽기에 포기하지 못하고, 포기하지 못해 삶이 괴롭다. 똑똑한 사람이라면 이렇게 생명을 낭비하지 않을 것이다. 반드시 방법을 찾아내 뚫고 나가 인생의 방향과 목표를 힘써 노력할 것이다. 그러면서 '과거의 모든 것은 어제 죽은 것과 같고, 미래의 모든 것은 오늘 태어난 것과 같다[過去種種譬如昨日死 未來種種譬如今日生]'며 자신을 끊임없이 독려할 것이다. 오늘의 내가 어제의 나에게 선전포고를 하는 것이다. 어제의 무명의 나를, 집착의 나를, 번뇌의 나를 모두 남김없이 제거하고 새로운 자아로 다시 태어나겠다고 말이다.

작비금시불수론昨非今是不須論

오늘은 옳고 어제는 틀렸다는 것을 깨달아야 한다. 어제의 내가 틀렸고, 오늘 생각하고 행동하고 원하는 내가 비로소 옳다는 것을 깨달아야 한다. 이런 깨달음을 얻었다면 나날이 자신을 새롭게 하고, 창조해 가고, 발전해 나갈 것이니 자신도 자연 발전하게 될 것이다.

식교기독망지기息交豈獨忘知己

나는 지금 지난날의 모든 것을 내려놓으려 한다. 단순히 나 자신만 잊는 것이 아니라, 친구와의 교분, 타인과의 교류, 가족의 사랑, 자신의 취미 등등 모든 것을 내려놓으려 하며, 한 걸음 더 나아가 내 스스로를 초월하려 한다. 이것이야말로 가장 훌륭한 인생이자 아름답고 원만한 인생이다. 일반 사람은 마음에 담아두는 것이 너무 많고, 부담 역시 너무 무겁다. 매일 우리의 마음은 너무도 무거운 부담을 감내하고 있다.

위애오여하목음 爲愛吾廬夏木陰

국가, 사회, 가정, 부부간, 자녀, 가족, 친구 사이, 어느 것 하나 마음의 부담이 아닌 것이 없다. 하나씩 하나씩 내려놓을 수 있다면 '여름날 나무 그늘 아래 쉬기를 좋아하기 때문이네'라는 구절처럼 초가삼간 짓고 여름 되어 나무 아래 앉으면 온 세상이 모두 맑고 시원할 것이다.

　우리는 진정한 정토를 찾아야 하며, 또 다른 새로운 환경을 찾아야 한다. 우리는 마음의 정원을 아름답게 가꾸고, 생활의 울타리를 새롭게 만들어 나가 우리 생명의 질을 높여야만 한다.

천강에 비친

자고로 곧은 도 세상에서 행하기 어렵고,
삐뚤어진 도 쉽게 구하나 나는 안 하련다.
만 리 도도히 흐르는 큰 강물도,
온갖 시련 굴하지 않고 동으로만 흐르네.

由來直道世難行 枉道求容我不能
萬里滔滔大江水 縱敎百折也東傾

_명명, 연지대사蓮池大師

연지대사가 지은 이 게송은 예로부터 평탄하고 곧은 도로도 걷기 불편할 때가 있다는 것을 말한다. 예를 들어 지금의 고속도로는 평탄하고 곧게 뻗어 있지만, 연쇄추돌 사고가 끊임없이 발생한다. 인간 사이에서도 종종 지나치게 정직하고 꼿꼿하면 도리어 우정이 더 쉽게 깨지고 상처를 줄 수도 있다.

『유마경維摩經』에서는 '곧은 마음이 곧 도량이다'라고 선도한다. 마음은 비굴할 수 없으며 아첨하지도 않는다. 곧게 책임을 다하고 매사 망언하지 않으면, 그 사람에게 진실함을 되돌려 준다.

유래직도세난행 由來直道世難行

옛날 선비들은 너무 정직하여 관리가 되어 조정에 나가도 종종 세상과 어울리지 못할 때도 있었다. 우리는 불법을 수행하면서 세상과 떨어질 수 없기에 종종 곧은 마음으로 인해 번거로움과 장애를 맞기도 한다. 그렇기에 곧은 마음을 더욱 잘 지켜 곧은 마음과 진실된 마음으로 불도를 이루어야 비굴한 마음, 아첨하는 마음이 불도에서 더욱 멀어진다.

왕도구용아불능 枉道求容我不能

타인이 나를 받아들이게 할 목적에 고의로 거짓되고 진실하지 않은 일을 하면 안 된다. 옛날 증자曾子가 세상을 떠났을 때 누군가 그에게 조그만 천 하나를 덮어주었다. 너무 가난해서 긴 천을 살 수 없었던 그는 겨우 조그마한 천 하나를 그에게 덮어주려 했다. 하지만 천이 너무 작아 다 덮을 수 없자, 누군가 천을 옆으로 돌려 비스듬히 덮으라고 하였다. 그러나 증자의 부인이 승낙하지 않았다.

"차라리 조금 부족하더라도 똑바로 덮을지언정, 비뚤게 덮어 남게 하지 않을 것이다."

증자의 부인은 조금이라도 옆으로 비스듬히 덮는 것을 절대 허락하지 않았다.

만리도도대강수萬里滔滔大江水 **종교백절야동경**縱教百折也東傾

만 리나 되는 장강의 강물은 오랜 세월 도도히 끊이지 않고 흘러왔다. 천만 번 휘어지고 구부러져 흘러도 장강은 여전히 동쪽으로 흘러간다.

정직하게 수행하는 사람은 언제 어디서든, 머리가 잘리고 피가 흐른다 해도 허리를 굽히거나 머리를 숙이는 행동은 절대 하지 않는다. 정직한 사람으로 살아가는 것이 굉장히 중요하다.

천강에 비친

강 가운데 천년을 서 있는 외로운 봉오리,
사방에서 밀려드는 파도에 심히 걱정된다.
다행히 뿌리 깊고 견고하여,
수차례 고난을 겪고도 지금도 옛 모습 그대로네.

孤峰千仞立江心 八面洪濤愁殺人
奈是根深自堅固 幾回經古又逢今
_ 명명, 연지대사 蓮池大師

고봉천인입강심 孤峰千仞立江心
이 구절은 강소성의 초산 焦山처럼 강 한가운데 우뚝 솟아 천년을 외로이 견뎌온 봉오리를 형용한 것이다.

팔면홍도수살인 八面洪濤愁殺人
세차게 흐르던 강물에 파도가 용솟음치고, 거칠고 사나운 파도가 쉼 없이 몰아치니 천 년을 버티어온 외로운 봉오리가 천천히 흔들리다

무너지지 않을까 걱정이 앞선다.

내시근심자견고柰是根深自堅固
천 년 봉오리는 그 뿌리가 깊고 무척 견고하다.

기회경고우봉금幾回經古又逢今
수많은 세월을 견뎌왔다. 예부터 지금까지 수천 년을 언제나 흔들림이 없이 그곳에 우뚝 서서 견디어 왔다.

 이 게송은 우리에게 다음을 일깨워준다. 모든 사람의 진여불성은 오취육도의 홍수와 파도 속에서 여전히 생사를 윤회하니 심히 걱정스럽다. 다행히 우리 진여자성의 뿌리가 심후하여 삶과 죽음이 오고 가도 털끝만큼의 손해도 입지 않는다. 오취육도와 축생계, 그리고 천상과 인간세상을 몇 번 윤회하였는가? 예나 지금이나 생명은 영원한 것이며, 생명은 죽지 않는 것이다.
 『법화경』에는 '옷 속에 명주, 가래나무 가운데 보물〔衣裡明珠 梓中寶藏〕'이란 말이 있다. 옛날 한 부자가 집안이 몰락할 것을 염려하여 아들의 옷 속에다가 명주 한 알을 숨겨놓고 꿰매 버렸다. 장차 집안이 기울어도 이 명주를 팔아 생계를 연명해 나갈 생각이었다. 하지만 아들이 결국 거지가 되어 길거리를 헤매는 신세가 될 줄 어찌 알았으랴. 값을 매길 수 없는 명주가 든 것도 모른 채 아들이 옷을 전당포에 팔아버렸고, 결국 거리를 헤매는 꼴이 되었다.

'가래나무 가운데 보물(梓中寶藏)'이란 집안이 몰락할 것을 대비한 주인이 집 안에 보물을 감춰둔 이야기이다. 지하에다가 묻어놓은 보물은 세월이 가도 괜찮았지만 갑자기 불이 나 집은 잿더미가 되어버렸다. 타버린 새까만 잿더미 속에 보물이 숨겨져 있는지 자손들은 전혀 알지 못했다.

  우리의 불성을 가래나무 가운데 숨겨진 보물이자, 옷 속에 감춰진 명주처럼 우리 스스로도 모르고 있으니 참으로 안타깝다. 우리는 좀 더 일찍 자신에게 감춰진 보물을 깨닫고 인식해야 한다. 우리의 색신이 썩어 없어질 때까지 기다렸다가는 죽어도 눈을 감지 못할 것이다.

천강에 비친

티끌과 파도 가득하여 앞길 아득하니,
욕됨을 참고 온화함만이 좋은 방편일세.
어디서나 인연 따라 세월을 지내니,
평생 본분을 지키며 살다 생을 마감하네.

紅塵白浪兩茫茫 忍辱柔和是妙方
到處隨緣延歲月 終身安分度時光

_명명, 감산덕청憨山德清

이것은 명나라 말 감산대사가 쓴 '성세가醒世歌'의 한 구절이다.

홍진 백랑양망망紅塵白浪兩茫茫
사바세계에 살고 있는 인간이 거대한 먼지와 큰 파도처럼 앞날이 막막하여 진실로 내일 일을 오늘 알지 못함을 설명한 것이다. 우리는 복잡하게 얽힌 이 사회에 어떻게 적응해 나가야 하는가?

인욕유화시묘방 忍辱柔和是妙方

큰일을 이루려면 먼저 사람과의 관계를 원만하게 처리해야 하며, 늘 다른 사람을 칭찬하고 격려해야 한다. 이밖에도 좋은 방법은 욕됨을 참고 부드럽고 온화하게 응대하는 것이다.

매사 참고 양보하며 사사건건 따지지 말아야 한다. 억울한 일을 당하거나 뜻대로 이루어지지 않는다고 해도 감내해야 한다.

'한 숨 참으면 바람과 파도도 조용해지고, 한 발 물러나 생각하면 더 넓은 세상이라네〔忍一口氣風平浪靜 退一步想海闊天空〕'라고 하지 않던가.

다툼 없이 화목한 것이 스스로를 보호하는 첫 번째 방편이다. '인내가 忍耐歌'에서 그것을 잘 말해 주고 있다.

> 인내하는 것은 좋지, 암 좋고말고.
> 인내라는 두 글자는 기이한 보물.
> 한 순간의 생각을 참지 못하면 다툼이 잦아 화가 적지 않고,
> 이로써 몸을 해치게 되며,
> 자신과 가족의 생명을 보호하기 어렵네.
> 재물을 과시하여 원수를 맺으면 뒤에 얻고자 해도 얻을 수 없으니
> 다른 이에게 한 발 양보하는 것이
> 큰 복과 커다란 번뇌가 사라지는 길임을 헤아려보라.

도처 수연연세월到處隨緣延歲月 종신안분도시광終身安分度時光

다음은 온화함이다. 부드러운 것은 강한 것을 이긴다. 어떤 고난과 좌절이 닥쳐와도 온화하고 태연하게 맞선다면 종종 호전되는 일도 생긴다. 욕됨을 참고 온화함 이외에도 당신의 인생관은 '어디서나 인연 따라 세월을 지내니, 본분을 지키며 삶을 살다 생을 마감하네' 와 같아야 한다.

불문에서는 일을 처리할 때, 좋은 일이면 그것을 따르고, 선한 일이면 따라 행하고, 좋은 사람이면 그를 따르고, 좋은 생각은 그 마음을 따른다고 하니, 하나하나 인연을 따른다면 망령되이 구하지 않아도 된다. 그러면 어떻게 본분을 지키며 세월을 보낼 수가 있을까? 본분을 지킨다는 것은 적극적으로 선행을 쌓는 것을 의미한다. 방법으로는 불문佛門의 사정근四正勤이 있다.

아직 생기지 않은 악은 지금 짓지 말고 [未作惡 今不作],
이미 생긴 악은 지금 끊어버리며 [已作惡 今斷除],
아직 생기지 않은 선은 지금 생기게 하고 [未生善 今生起],
이미 생긴 선은 더 자라게 하라 [已生善 今增長].

이와 같이 하면 좋은 일을 만나 더욱 적극적이고 정진하게 된다.

천강에 비친

종래로 단단한 활시위가 먼저 끊어지고,
먼저 부딪치는 칼끝이 더 쉽게 망가진다.
화를 불러옴은 쓸데없이 입과 혀 놀려서이며,
죄업 많음은 증오하는 마음 탓이라네.

從來硬弩弦先斷 每見鋼刀口易傷
惹禍只因閒口舌 招愆多爲狠心腸

_명명, 감산덕청憨山德淸

종래경노현선단從來硬弩弦先斷
활과 화살은 사람을 해치는 날카로운 무기로, 지나치게 팽팽하게 당겨진 활시위의 활줄이 먼저 끊어진다.

매견강도구이상每見鋼刀口易傷
강철로 된 칼은 날카로워 금과 옥도 갈고 자르지만 가장 쉽게 부러지는 부분 역시 날카로운 칼끝이다. 이 게송은 사람이 강할수록 실패하기 쉬우며 난폭할수록 화를 불러일으키기 쉽다는 것을 암묵적으로 비유한다. 입 속의 치아와 혀처럼 말이다. 혀는 부드럽고 치아는 딱딱하다. 하지만 먼저 썩어 빠지는 것은 치아이다. 부드러운 혀는 오히려 치아보다 오래 간다. 그러므로 인생은 날카로운 칼 같을 필요도 없고 팽팽하게 당겨진 활시위 같을 필요도 없다. 일을 처리할 때도 더 많이 다른 사람을 배려하고, 나를 생각하듯 남을 생각한다. 입장을 바꿔 다시 한 번 생각하고, 더 많은 사람에게 편리함을 주고 봉사를 해야 한다.

야화지인한구설 惹禍只因閒口舌

세상의 재난은 대부분 혀끝의 움직임에서 나오는 것이며, 시시비비와 골치 아픈 일은 대부분 입 속의 혀를 쓸데없이 놀려서 나온다. 말하는 사람은 무심코 뱉은 것이지만 듣는 사람에게는 의미 있게 다가가며, 자신도 모르는 사이에 걷잡을 수 없는 풍랑이 되어 남에게 쉽게 상처를 주고, 결국 가족과 친구가 등을 돌리고 원수가 된다. 하물며 고의로 상처 주는 말을 하고, 유언비어를 일으키는 사람은 심지어 말 한마디로 흥하게도 망하게도 할 수 있으니 커다란 화를 일으키기 더욱 쉽다.

초건다위한심 招愆多爲狠心腸

우리는 자신의 마음 밭이 자비로운지, 너그러운지, 온화한지 늘 주의를 기울여야 한다. 마음이 모진 사람은 종종 삐뚤어진 성격이 쌓여 갖가지 죄업을 범하게 되고, 수많은 원망과 걱정을 불러일으키게 된다.

불경에는 우리의 죄업이 신구의에 의해 이루어진다고 얘기한다. 신身은 우리의 몸이다. 살생, 도둑질, 음란 등 몸으로 짓는 죄업이다. 입[口]으로 짓는 죄업은 삿된 말, 이간질, 망언 등이다. 의意는 마음이다. 마음이 올바르지 못하면 백가지 죄업이 생겨난다 하였으니 탐진치 등이다. 우리는 몸과 입을 닦는 수행을 해야 함은 물론 마음 역시 닦는 수행을 해야 한다. 이는 불교에서 강조하는 참회문이기도 하다.

"먼 옛날부터 내가 지은 모든 악업은 탐진치에서 시작하였으며, 신구의身口意로부터 비롯된 일체를 나는 오늘 참회합니다."

그러므로 우리는 참회하는 마음, 자비의 마음으로 죄업을 없애야 하며, 몸과 입과 뜻을 청정하게 하여야 맑고 밝은 내 뜻대로 삶을 누릴 수 있을 것이다.

천강에 비친

강함을 다투고 이기고자 싸우지 말라,
기나긴 세월 모두 한낱 연극무대일 뿐이라네.
잠깐 사이 징과 북소리 멈추면,
어디가 고향인지 알지 못한다네.

休得爭强來奮鬪 百千渾是戲文場
頃刻一聲鑼鼓歇 不知何處是家鄕

_명명, 감산덕청憨山德清

인생은 한 편의 연극과 같다. 연극처럼 지극히 짧은 인생에서 너무 연연해하고 항상 남을 이기려 들고, 서로 한 치의 양보도 하지 않으면 결국 쌍방 모두 상처를 입게 된다. 서로 돕고 이끌어주는 것이 가장 좋은 방편이다.

불경에는 다음과 같은 이야기가 있다.

옛날 한 부자에게 네 명의 부인이 있었다. 그는 첫 번째 부인에게는 나이 들고 볼품없다 하여 무시하면서 관심을 갖지 않았다. 두 번째 부인은 가끔 들여다보며 조금 아껴주었다. 세 번째 부인은 늘 관심을 갖고 좋은 물건으로 그녀의 환심을 사곤 했다. 하지만 그가 제일 사랑한 사람은 누가 뭐라 해도 네 번째 부인이었다. 더우면 더울세라 추우면 추울세라 지극정성으로 보살펴 주며 자기 목숨처럼 아껴 주었다. 그런 부자에게도 죽음의 순간은 다가왔다. 그는 속으로 생각했다.

'거액의 재산은 다 버려둬도 괜찮지만, 홀로 쓸쓸히 죽어야 한다니 마음이 내키지 않는구나. 함께 묻힐 부인을 골라 죽어서도 영원토록 함께 해야겠다.'

그는 먼저 가장 총애했던 네 번째 부인을 찾아갔다. 한 떨기 꽃송이처럼 어여쁜 네 번째 부인은 순식간에 얼굴이 창백해지면서 단칼에 거절했다.

"어머머! 이렇게 젊고 예쁜 제가 어떻게 당신을 따라 죽을 수 있겠어요?"

부자는 할 수 없이 세 번째 부인을 찾아갔다. 그리고 오랜 세월 함께 한 정을 봐서 저승길의 길동무를 해달라고 부탁했다. 세 번째 부인은 눈을 하얗게 뜨며 대답했다.

"흥! 당신이 죽어도 저한테는 진주 보석이 산더미같이 있는데 왜 당신과 같이 죽어요?"

부자는 어쩔 수 없이 다시 두 번째 부인에게 함께 갈 것을 부탁하였다. 잠시 고개를 숙이고 생각을 하던 두 번째 부인이 말했다.

"당신이 죽은 후 당신의 영결식도 치러야 하고, 장례 후의 일들이 산더미인데 어찌 당신과 죽겠어요."

부자는 아무 말도 하지 못했다. 풀이 죽은 채 첫 번째 부인을 찾아 말을 꺼내자 첫 번째 부인은 미소를 띠운 채 그 자리에서 당장 허락했다.

"인생의 반을 당신이 저를 돌봐주셨으니, 이제 제가 보답할 차례입니다. 기꺼이 당신과 함께 가겠습니다."

네 번째 부인은 우리의 신체이다. 평소에는 온갖 사랑과 보호를 받지만 마지막 순간 몸은 우리를 버리고 떠난다. 세 번째 부인은 부귀와 명예이다. 평소에는 자신처럼 사랑하지만 죽음에 이르면 아무 것도 남지 않는다. 두 번째 부인은 가족과 친구이다. 한 세상 다함께 모여 잘 살았지만 죽음에 이르면 각자 갈 길로 날아가 버리고 마음만 조금 남는다. 첫 번째 부인은 우리의 마음이다. 아무것도 가지고 갈 수 없지만 유일하게 함께 가는 것이 우리의 업이다. 우리가 진정으로 수행해야 할 것이 바로 이 마음이다.

마음을 갈고 닦는 것은 우리가 첫 번째로 해야 할 중차대한 일이다. 속세의 득과 실, 사람 사이의 시시비비는 인생이라는 무대 위에서 연극하는 배우에 지나지 않는다.

천강에 비친

봄날 버들가지 푸르른 것을 보았는데,
어느새 가을바람에 국화가 노랗게 되었네.
영화는 한밤의 꿈과 같고,
부귀 또한 구월의 서리와 다르지 않다네.

春日才看楊柳綠 秋風又見菊花黃
榮華總是三更夢 富貴還同九月霜

_명明, 감산덕청憨山德清

봄이 지나가고 어느새 가을이 다시 찾아오니 세월이 한밤의 꿈같고, 세상일은 서리와 이슬 같다. 인간세상은 참으로 괴롭고 허무하다. 이 소극적인 환경의 테두리에서 어떻게 하면 우리의 미래를 적극적으로 개척해 나갈 수 있을까?

춘일재간양류록春日才看楊柳綠 추풍우견국화황秋風又見菊花黃
봄의 푸르른 수양버들은 삶에서 막 피어나는 아침 기운과 같다. 하

255

지만 가을 국화가 노랗게 변할 때는 늙고 볼품없는 인생의 말년에 다다른 것이다. 빠르게 급변하는 시간과 공간에서 세계는 성成·주住·괴壞·공空의 4겁(세계가 구성되어서부터 무너져 없어지는 동안을 4기로 나눈 것) 속에서 순환한다. 한 해는 봄·여름·가을·겨울이 서로 순환하고, 생각은 생겼다가 사라지고 변이하는 생상生相·주상住相·이상異相·멸상滅相의 변화를 겪으며, 사람은 생로병사라는 윤회를 거친다.

영화총시삼경몽榮華總是三更夢 부귀환동구월상富貴還同九月霜
극히 짧은 삶 속의 수많은 영화로움도 한밤에 꾸는 악몽과 같이 문득 놀라 깨게 된다. 수많은 부귀도 9월에 내리는 서리처럼 해가 나오면 흔적도 남지 않고 사라져 버린다. 우리가 집착하고 미련을 둘만한 것이 이 세상에는 전혀 없다.

옛날 부처님 제자였던 난다는 세상의 영화로움에 탐닉하여 출가하려 하지 않았다. 부처님께서 신통한 방편으로 그에게 천당과 지옥을 두루 보여주시며 부귀영화란 편안하고 즐거우며 영원한 것이 절대 아니라는 것을 깨닫게 해주셨다. 난다는 그걸 깨닫고 나서야 모든 것을 끊을 수 있었다.
우리는 매일 북적대는 사회에서 가정, 사업을 위해 분주히 뛰어다니고, 돈과 명리를 위해 바쁘게 돌아다니지만, 마지막 순간 무엇이 우리 것인가? 죽음에 이르면 아무것도 가져가지 못하고, 텅 비게 될 텐데 어찌할 것인가? 우리는 한 순간이면 사라질 눈앞의 부귀영화를 위해 바쁘게 돌아다니지 말고, 더욱 먼 장래를 위해 바쁘게 움직여야 한다. 또한 우리는 다음 세대의 생명을 위해 길을 닦아 놓아야 하며, 자비심을 더욱 내고, 선한 인연을 더욱 널리 맺어 봄버들이 푸르렀을 때 가을 국화가 노랗게 변했을 때의 광경을 미리 예상해야 한다.

　인생이란 지나가는 손님에 불과하다. 무대 위에서 부귀를 누리던 역할도, 고관대작의 역할도 잠깐 사이 징과 북소리 멈추고 나면, 어떤 시시비비와 은원이 남아 있겠는가? 희비가 엇갈리는 군신, 부자, 부부, 자녀의 역할이 끝나고 아무것도 남은 것이 없을 때 자신은 또 어디에 서 있는가? 그러므로 사람은 무시겁無始劫 이래의 자신의 참모습을 인식하고 미리 그때를 준비해야 한다.

천강에 비친

사람은 교묘한 재주와 영리함을 뽐내지만,
하늘은 조용히 자신의 뜻을 결정한다.
아부하고 욕심내고 성내면 지옥에 떨어지고,
공평하고 정직하면 곧 천당이라네.

人從巧計誇伶俐 天自從容定主張
諂曲貪瞋墮地獄 公平正直即天堂

_명明, 감산덕청憨山德清

인종교계과령리人從巧計誇伶俐
사람은 스스로 총명하다거나 지혜가 많다고 여기지 말아야 한다. 사실 사람의 셈은 하늘의 셈만 못하다.

천자종용정주장天自從容定主張
당신이 얼마나 영민하고 뛰어난 지혜를 가졌든지, 하늘은 이미 정해진 뜻에 따라 결정한다. 인과정률因果定律이 없는 곳이 없고 누구도 인과를 거스를 수 없다. 거두어들일 것을 생각한다면 반드시 어떻게 심을지를 먼저 생각해야 한다. 인因이 없으면 과果도 없다.

　보시조차 하지 않는 사람이 어떻게 부자가 되며, 어떻게 큰돈을 벌겠는가? 매사 술술 풀리기를 바라는 사람이 널리 인연을 맺지 않고서 어찌 순조롭기를 바라는가? 살인, 도둑, 음란이란 악인惡因을 심었다면 몸이 고과苦果를 얻는 것은 너무나 당연하다. 사람은 총명하고 영리한 것만 가지고서는 소용없으며, 자신의 행동에 스스로 책임질 줄 알아야 한다. 일생의 업보와 삼대에 걸친 복은 모두 인과응보이다.

첨곡탐진타지옥諂曲貪瞋墮地獄

지옥은 어디에 있는가? 지옥은 우리 마음속에 있다. 마음속에 있는 탐진치가 곧 지옥, 아귀, 축생의 마음이다. 불경에서는 우리의 마음을 열 개의 법계로 나눈다. 이것을 십법계十法界라 한다. 십법계는 부처, 보살, 성문, 연각, 천상, 인간, 아수라, 지옥, 아귀, 축생이다. 모든 사람의 마음은 이 십법계 안에서 왔다 갔다 한다. 자비심이 일면 부처이고, 탐욕과 성냄의 마음이 일면 지옥, 아귀이며, 아부와 어리석은 마음이 일면 축생이다. 그러므로 아부하고 욕심내고 성내면 지옥에 떨어진다 하였다.

공평정직즉천당公平正直即天堂

사람 마음이 공평하고 정직할 수 있다면 그곳이 곧 천당이다. 천당과 지옥이 어디에 있는지 묻는 사람이 있다. 첫째, 천당은 천당이라는 곳에 있고, 지옥은 지옥이라는 곳에 있다. 둘째, 천당과 지옥은 이 세상에 있다. 즐겁고 행복한 사람이 사는 곳, 그곳이 바로 천당이고, 번뇌와 고통이 있으면 지옥과 다를 바가 없다. 셋째, 천당과 지옥은 우리 마음속에서 형성된다. 마음에 자비만 생각하면 곧 천당이고, 마음에 탐욕과 성냄만을 생각하면 지옥이니, 천당과 지옥은 우리의 일념一念 사이에 있다 할 것이다.

천 강에 비친

사향노루는 향이 짙어 먼저 죽고,
누에는 실이 많아 일찍 죽네.
세상은 예로부터 부족함이 많으니,
허망한 이 몸 무상함을 어찌 면하리요.

麝因香重身先死 蠶因絲多命早亡
世界從來多缺陷 幻軀哪得免無常

_명명, 감산덕청憨山德淸

사인향중신선사麝因香重身先死
태어나면서부터 몸에서 향기가 나는 사향노루라는 동물이 있다. 사냥꾼들은 이 사향노루를 잡기 위해 산속 이곳저곳을 누비고 다닌다.

잠인사다명조망蠶因絲多命早亡
봄철 누에는 실을 엮어 고치가 된다. 사람들은 실을 뽑아 돈을 벌고자 고치의 생명은 아랑곳하지 않고 빼앗아간다.

세계종래다결함 世界從來多缺陷

삼천대천세계에는 부족함이 많으며, 특히 무상이 가장 두렵다.

환구나득면무상 幻軀哪得免無常

우리 생명은 겨우 수십 년의 한서寒暑를 보낼 뿐이며, 백 살도 이미 많은 나이이다. 비상한 재주와 높은 학문을 가지고 있어도 죽음이 다가오는 순간에는 어느 누구도 무상을 피하지는 못한다.

지극히 월등한 조건을 가진 사람도 세상의 재난을 다 면할 수는 없다. 세상은 반반씩 있다. 좋은 것이 반이요, 나쁜 것이 반이다. 반은 낮이요, 반은 또 밤이다. 태어나는 것도 반이요, 죽는 것도 반이다. 세상에 절대적인 것은 없다. 속담에 주먹 깨나 쓰는 사람도 맞아 죽을 때가 있고, 수영을 잘 하는 사람도 익사할 수 있다고 했다. 당신이 무술을 잘하고 무공이 높아도 무술에 의해 죽게 될 수도 있고, 당신이 수영할 줄 알고 담력이 세도 한순간의 방심으로 참담한 상황을 당할 수도 있다.

그러므로 몸에 익힌 절기絕技도 꼭 믿을 만한 것은 아니다. 사람은 재물을 많이 얻기를 원하지만 재물로 인해 죽는 사례도 적지 않다. 사람은 더 높은 곳으로 오르길 원하지만 높이 올라갈수록 떨어졌을 때 상처도 더 심각하다. 또한 사람은 항상 아름다운 몸매를 원하지만 안타깝게도 미인은 박명이라 아름다움으로 인해 목숨을 잃은 미인도 적지 않다.

부처님께서 계실 때 부처님의 십대 제자 중 하나인 가섭존자에게는 약혼자가 있었다. 그녀가 바로 후에 출가한 묘선녀妙善女이다. 너무 아름다웠기에 그녀가 어디를 가든 군중들은 그녀를 둘러싸고 쑥덕댔다. 그녀의 아름다움이 도리어 많은 고뇌와 슬픔을 가져왔다.

그러므로 사람은 부족함도 부족함대로의 아름다움과 좋은 점이 있다는 것을 깨달아야 한다. 매사 완벽하기란 참 쉽지 않다. 에디슨은 비록 귀가 멀었지만 지혜가 뛰어나 발명을 하였고, 팔이 잘린 사람이 발로 붓을 잡는 고된 연습을 통해 똑같이 글을 쓸 수 있게 되었다. 부족함도 때론 또 다른 복일 수 있으니 부족하다고 고민하거나 괴로워하지 말라. 이 몸이 허망한 그림자일 뿐이라 여긴다면 무상이 두렵지 않을 것이다.

천강에 비친

끝없이 이어진 속세의 옛길 아득하니,
언제나 타향에 닿을 수 있을까?
문득 돌아보니 한 낮 고향은 점점 멀어지고,
눈앞엔 허망한 구름 석양을 몰고 오네.

滾滾紅塵古路長 不知何事走他鄕
回頭日望家山遠 滿目空雲帶夕陽

_명명, 감산덕청憨山德清

곤곤홍진고로장滾滾紅塵古路長
시간은 화살과 같고 세월은 베틀의 북과 같다고 한다. 끝없이 이어진 속세라는 옛 길에서 언제쯤이면 인생의 끝에 닿을까? 언제쯤 인생의 안식처에 도달할까?

부지하사주타향不知何事走他鄕
일반인의 생활 속에는 삶의 목표나, 추구하는 이상이 없는 듯하다.

이 세상에 온 이유도 모르고, 이곳저곳 타향을 왜 떠도는지는 더욱 모른다. 사람이 세상을 살면서 오늘만 알고 내일을 모르고, 올해만 생각하고 내년을 생각하지 않고, 현재에만 급급해 미래를 계획하지 않고, 밤낮없이 향락만을 쫓느라 생명을 돌보지 않고, 이렇게 막연하게 얼렁뚱땅 세월을 보내는 인생태도가 너무 안타까울 따름이다.

회두일망가산원回頭日望家山遠

쏜살같이 흘러가는 시간을 염두에 두지 않고, 얻기 힘든 우리의 것을 아끼지 않으면 '문득 돌아보니 한 낮 고향은 점점 멀어지고'처럼 어느 날 문득 고향에서 더욱 멀어지고 갈수록 나이 드는 자신을 돌아보게 되었을 때 허송세월하였다는 자괴감과 온갖 처량함이 마음에서 일게 될 것이다.

만목공운대석양滿目空雲帶夕陽

더구나 늙어 병까지 들면 '눈앞엔 허망한 구름 석양을 몰고 오네'처럼 눈앞은 황량한 들판뿐 만사가 허망하여 내가 가야 할 곳이 어디인지, 인생의 안식처가 어디인지 모른다.

그러므로 우리는 허송세월하지 말고 적극적으로 생활해야 한다. 또한 내일로 미루지 말고, 오늘 일은 오늘 끝마친다는 태도를 가져야 한다. 스스로 할 수 있는 일을 타인에게 대신 시키지 말고, 일 분 일 초의 시간도 아끼며 매사 적절한 타이밍을 놓치지 말아야 한다. 기회와 인연을 헛되이 지나치지 말고, 인생을 허망하게 보내지 말아야 한다.

시간과 생명을 소중히 하고, 기회와 인연 하나하나를 아껴야 당신은 세상에서 가장 아름다운 생명을 손에 쥘 수 있다. 세월은 사람을 기다려주지 않는다. 인생은 눈 깜짝할 사이 아득히 멀어지며, 물 새듯 인생을 허망하게 써버리고 난 뒤 원망과 한탄을 한들 무슨 소용이 있겠는가.

천강에 비친

어려서 고향 떠나 이젠 기억도 가물가물,
지난날을 돌아보면 한숨만 절로 나네.
옛 친구는 어릴 적 모습 생각하려 애쓰나,
말라죽은 나무에 꽃 피기 어렵네.

少小離鄕不記家 回思往事總堪嗟
故人猶想兒時面 枯木難開舊日花
_명명, 감산덕청憨山德淸

우리는 생사의 바다에서 유랑하며 헤매고 다닌 지 오래이다 보니 자신의 고향이 어디인지 알지 못한다.

소소리향불기가 少小離鄕不記家
어려서 고향을 떠나, 지금은 모든 것이 바뀌어 고향도 부모님 모습도 가물거리며 잘 기억나지 않는다.

회사왕사총감차回思往事總堪嗟
지난날의 일을 생각하면 늘 한숨만 나온다. 사람이 생사의 바다에서 헤매고 있으니 참으로 '사람 몸 받아 세상에 오기 어렵고, 부처님 법 알기 더욱 어렵네. 이생에서 이 몸 건지지 못하면, 어느 생에 다시 이 몸 건지리오'라고 하겠다.

우리는 고향을 떠난 지 참 오래되었다. 지금 고향으로 돌아가고 싶어도 일이 너무 많거나 아니면 여비가 부족하여 돌아가지 못하는 것처럼, 인생의 공덕이 부족한데 시작이 없는 그 옛날 고향으로 어떻게 하면 돌아갈 수 있을까? 고향은 어떠한 모습인가? 극락세계가 우리의 고향이며, 상적광토(常寂光土; 부처가 머무는 진리의 세계)가 우리의 고향이며, 진여불성의 불과(佛果; 불도를 닦아 이루는 부처님의 지위)가 우리의 고향이다. 고향으로 돌아가고 싶어 돈을 모아 서둘러 여비를 준비하고 고향을 방문하면 모두 즐겁고 기쁘게 맞아 주듯이, 사실 우리에게는 꼭 돌아가야 할 진정한 고향이 마지막으로 하나 남아 있다.

고인유상아시면故人猶想兒時面 고목난개구일화枯木難開舊日花
우리 친구들은 여전히 우리의 본래 모습을 생각하고 있을까?

참으로 '어려서 집을 떠나 늙어 돌아오니, 고향사투리 여전한데 귀밑머리만 새었구나. 손자는 나를 알아보지 못하고, 웃으며 어디서 오셨냐고 묻네〔少小離家老大回 鄕音無改鬢毛衰 兒童相見不相識 笑問客從何處來〕'라는 심정이다.

고목에 지난날 피었던 꽃이 다시 피기 힘든 것처럼 고향을 떠난 지 너무 오래되어 어릴 적 얼굴을 기억하려고 애써도 잘 생각나지 않는다. 하루라도 자신의 모습을 알지 못하면 하루라도 생사의 굴레에서 해탈할 수 없다. 그러므로 우리는 서둘러 자신의 근원과 고향을 찾아야 한다. 일단 무상을 깨우쳐야지만, 천년만년 오래도록 머물 안식처에 닿게 된다.

천강에 비친

내 마음 밭을 어리석게 두지 말며,
타인의 잘못을 퍼트리지 말라.
삼가고 공손하면 근심이 없나니,
번뇌를 이기려면 남을 잘 헤아려라.

休將自己心田昧 莫把他人過失揚
謹愼應酬無懊惱 耐煩做事好商量

_ 명명, 감산덕청憨山德淸

이 게송은 글자만 봐도 쉽게 이해할 수 있다.

휴장자기심전매休將自己心田昧
사람이 천지天地와 인정人情을 거스르고 양심에 위배되는 일을 하면 안 된다는 것이다.

막파타인과실양 莫把他人過失揚

타인과의 교제에서 항상 칭찬하고 자신의 장점을 자랑하지도 타인의 단점을 들추지도 말라고 일깨운다. 그렇지 않으면 자신도 타인도 상처를 입고, 마지막에 상처 입는 것 역시 자신이 될 것이다.

근신응수무오뇌 謹愼應酬無懊惱

우리는 '삼가고 공손해 근심이 없게' 해야 한다. 사람이 일처리에서 가장 중요한 것은 중도를 지키고 잘못된 길로 들어서 괴롭고 후회할 일을 만들지 않는 것이다.

내번주사호상량 耐煩做事好商量

막무가내인 사람도 인내하고, 창업할 때도 인내하고, 기술을 배울 때도 인내하여야 한다. 성공은 괴로움을 이기고 인내한 사람의 몫이다. 여기저기서 들어오는 태클과 견제를 일일이 신경 쓰면서 어떻게 일을 하며, 저 높은 경지까지 어떻게 올라갈 수 있겠는가?

그러므로 다른 이와 공존하는 데 있어 어리석게 남을 음해하면 안 되며, 항상 '당신이 옳고 내가 틀렸으며, 당신이 좋고 나는 나쁘다'는 신념을 기억해야 한다. 자신에게는 규율을 엄격하게 적용하고, 다른 사람에게는 관대하게 대하면 생각 역시 바르게 된다. 사람은 성현이 아닌데, 어찌 과오가 없을 수가 있는가? 다른 사람의 잘못을 더욱 이해하고 용서하며, 뒤에서 그의 잘못을 떠벌리지 말아야 한다. 그렇지 않으면 자신의 잘못을 뉘우치고 선을 행하도록 돕지 못하고 가슴 깊이 원한만 새기게 된다. 그러므로 사람 간의 왕래에서 우리는 원만히 지내도록 노력해야 괴로움을 줄일 수 있다. '보살은 인因을 두려워하고, 중생은 과果를 두려워한다'는 이치를 깊이 명심해야 한다. 매사 악인惡因을 심으면 악과惡果를 얻게 된다는 것을 믿는 보살은 인을 두려워하고 과를 두려워하지 않는다. 하지만 중생은 반대로 과를 두려워하고 인을 두려워하지 않아 살인, 도둑질 등 풍속을 해치는 온갖 만행을 저지른 후에서야 두려움에 괴로워하지만 후회해도 이미 늦다.

  도를 배우는 우리는 인을 두려워하는 보살을 본받아, 인간세상의 탐진치라는 고된 시련을 견뎌내야만, 보살의 길을 갈 수 있고 성공의 희망도 있게 된다.

천강에 비친

도를 배우기는 쉬워도 깨우치기는 어려운데,
노력하지 않고 늘 한가롭다 하네.
믿으면서 행하지 않음은 헛되이 힘 낭비함이요,
입으로만 떠드는 것 또한 헛되도다.

學道容易悟道難 不下功夫總是閒

能信不行空費力 空談論說也徒然

_ 명명, 감산덕청憨山德淸

학도용이오도난學道容易悟道難

당신은 도를 배우고 싶은가? 불법을 배우고 싶은가? 경전을 연구하고 싶은가? 참선수행을 하고 싶은가? 불경을 암송하고 싶은가? 도를 배우는 것은 무척 쉽지만 도를 깨우치는 것은 결코 간단하지 않다. 도를 배우고도 깨우칠 수 없다면 얼마나 안타까운 일인가.

불하공부총시한不下功夫總是閒

노력을 기울인다고 해서 반드시 깨달음을 얻을 수 있는 것은 아니지만, 더욱 노력하여 수행에 정진하여야 한다. 힘든 것을 견디려 않고, 뼛속까지 스며드는 매서운 추위를 견디지 않고, 어찌 향기 그윽한 매화가 필 수 있는가? 불가능하다. 우리는 부처님의 가르침을 배우고 수행을 하지만, 그저 믿음만 있으면 되지 지나치게 곧이곧대로 믿을 필요는 없다고 말하는 사람도 있다. 단순히 믿음만 가지고는 부족하다. 믿음이 생긴 뒤 행하여야 하며, 아는 것과 행하는 것이 일치되어야 적절하게 응용할 수 있다. 믿음이 생긴 뒤 실천하지 않음은 거짓으로 믿는 것이다. 수영을 배우려는 사람이 물에 들어가지 않고 '수영대백과'만 본다면 무슨 소용이 있는가?

능신불행공비력能信不行空費力 공담론설야도연空談論說也徒然

우리는 재물과 돈이 가득하기를 바라지만 재물이 하늘에서 뚝 떨어지지는 않는다. 재물은 물 따라 흘러가므로 아침 일찍 조수간만에 맞춰 나가야 비로소 건져 올릴 수 있다는 속담의 의미가 너무 당연하다. 그러므로 '믿으면서 행하지 않음은 헛되이 힘을 낭비함이요, 입으로만 떠드는 것 또한 헛된 것이다.'

학문이든 직업이든 종교적 체험이든 헛되이 이론만 가지고 논하고 착실하게 실행하지 않는다면 쓸모없는 것이다.

직장에서 근무할 때에는 자신만의 올바른 모습을 갖춰야 한다. 보수가 많냐 적으냐와 승진에만 급급하여 자신의 참모습을 잊어버리는 사람이 있다. 보수는 우리가 싸워가며 취해야 할 유일한 목표가 아니다. 사회에 공헌하여 얻는 것에는 월급 말고도 더 중요한 자산이 있다. 다른 사람이 우리에게 감사하고, 우리를 칭찬해주고 지지해주고, 우리의 모습을 좋게 평가해주고, 우리의 일을 긍정적으로 봐주는 것, 이 모두가 힘써 실천하여 얻은 수확이다.

그러므로 타인의 감사, 기쁨, 사회적 성과와 양심에서 우러나오는 위로 등의 공덕과 인과를 모두 합한다면 금전적 가치보다 더욱 높을 것이다. 우리가 평생 일하고 도를 배우는 진정한 가치가 여기에 있다.

천강에 비친

생로병사를 누가 대신할 수 있으랴?
세상의 온갖 고초 스스로 짊어져야 하네.
마음을 가다듬으면 배앓이를 멈추게 하고,
온화한 기운은 설사도 멈추게 한다네.

老病死生誰替得 酸甛苦辣自承擔
一劑養神平胃散 兩重和氣瀉肝腸

_명명, 감산덕청憨山德清

로병사생 수체 득老病死生誰替得
인생이라는 여행길에서 생로병사는 사람마다 반드시 거쳐야 하는 과정이며 누구도 대신할 수 없다. 밥을 먹은 사람이 배가 부르듯 삶과 죽음도 각자 끝맺어야 한다.

산첨고랄자승담酸甛苦辣自承擔
생활 속에서 일어나는 좋고 나쁘고, 시고 쓰고 매운 것도 스스로 짊어져야 한다.

일제양신평위산一劑養神平胃散
'마음을 가다듬으면 배앓이를 멈추게 한다'가 짊어지는 방식이다. 정신 상태를 가장 잘 이해하고, 자신의 마음을 수양해야 한다.

양중화기사간장兩重和氣瀉肝腸
매사 마음을 평온하고 온화한 기운을 가져야 다함이 없이 사용할 수 있다.

 세상에서 지나치게 다른 사람의 도움을 기대하는 것은 옳지 않다.
 두 학인승學人僧이 함께 주유하며 참학參學을 하고 있었다. 여정이 고되고 힘이 들자 한 학인승이 더 이상 참지 못하고 나태한 마음이 들며 주유하지 않겠다고 하였다. 다른 학인승이 그가 조금이라도 덜 힘들게 하려고 짐도 대신 들어주며 온갖 방법으로 격려하였다. 그러면서도 그는 네 가지만은 대신 해줄 수 없다고 하였다. 그 네 가지가 무엇인지 묻자 그 학인승은 밥 먹는 것, 잠자는 것, 대·소변 보는 것, 그리고 생로병사, 이 네 가지는 누구도 도와줄 수 없다고 하였다.
 인생의 길이 울퉁불퉁하건 평탄하건 스스로 걸어가야 하며, 인생이 시든 쓰든 맵든 스스로 맛보아야 한다. 영원한 승자도 진정한 패자도 없는 것이 인생이다. 믿음을 갖고, 마음을 닦고, 온화하고, 아무런 동요 없이 참으며 욕심이 없다면 강한 것이다. 욕됨을 참을 수 있다면, 스스로 평안할 수도 있다.

일본 영평사(永平寺, 에이헤이지)의 웅태선사熊泰禪師는 바위의 특성을 빌려 유명한 '석덕오훈石德五訓'을 만들었다.

첫째, 모양은 기이하고 묵묵히 말이 없으나 설득력을 지닌다.
둘째, 흙 속에 묻혀 깊이 인내하며 대지의 정수를 취한다.
셋째, 추위와 더위를 견디고 비바람을 맞으면서도 우뚝 솟아 있다.
넷째, 성질이 굳세고 중임을 맡을 만하여 고층건물의 기초로 쓰인다.
다섯째, 운치를 더해주고 마음을 부드럽게 하여 대중에게 이로움을 준다.

인간이 돌의 다섯 가지 덕목을 갖춘다면 인생이라는 울타리는 자연 평온할 것이다.
사람이 화합하려면 잘 어울릴 수 있다는 것을 상대가 느끼도록 해야 하고, 이치가 화합하려면 사리와 법적 제도상 굳건히 서야 하며, 화목한 기운을 이루려면 매사 다른 사람과 다투지 말아야 한다. 이렇게 할 수 있다면 인생 어디에서든 자유롭지 않겠는가?

천강에 비친

관문을 닫기는 쉬워도 지키기는 어려우니,
수행하려 하지 않으면 늘상 공허하네.
몸은 문 안에 있으나 마음은 밖에 있으면,
천 년을 나오지 않아도 헛된 것이로다.

閉關容易守關難 不肯修行總是閒
身在關中心在外 千年不出也徒然

_명명, 감산덕청憨山德清

폐관용이 수관난閉關容易守關難 불긍수행 총시한不肯修行總是閒
불문 안에서도 수행을 하겠다거나 폐관을 하겠다고 의기양양하게 말하는 사람들이 종종 있다. 폐관이란 대체 무엇을 하는 것인가?
 소위 '폐관'이란 방 한 곳에 자신을 가두고 수행에 전념하는 수행 방법의 하나이다. 예를 들어 염불을 하겠다고 하면 '폐관염불'이 되고, 『법화경』을 보겠다면 '폐관법화경'이 되며, 『화엄경』을 본다면 '폐관화엄경'이 된다.

신재관중심재외 身在關中心在外

폐관하는 사람은 자신의 기호와 바람에 따라 전문적으로 수행할 수 있다. 하지만 폐관의 가장 두려운 점은 '몸은 문 안에 있으나 마음은 밖에 있다'는 것이다. 폐관하는 방 안에 틀어박혀 하는 수행을 사람마다 다 해낼 수 있는 것은 아니다.

천년불출야도연 千年不出也徒然

방에 들어가 있으면서 마음이 안정되지 않고 자유롭지 않으며, 마음에 집착과 갖가지 번뇌가 생겨 편안히 머물지 못한다면 '천 년을 나오지 않아도 헛된 것이다.'

그러므로 폐관은 몸과 마음을 모두 한 곳에 가둬 집중시키고 속세의 잡념을 끊어버리는 것이 중요하다. 수행하는 사람은 방에 들어가 깨달음을 더욱 심화시킬 수 있도록 우선 자신을 축소하고, 장차 방에서 나올 때 다시 자신을 넓게 펼쳐 대중을 이롭게 해야 한다.

죄를 지은 사람이 감옥에 갇히는 것도 방에 들어가는 것은 맞지만, 원하지 않고 내키지도 않는데 갇힌 것이므로 수행이라 할 수 없으며, 폐관이라 부르지도 않는다. 현대사회를 사는 일반 사람은 자유를 잃고 살지는 않는다. 하지만 몸과 마음이 늘 빚진 듯 양심과 도덕의 질책을 받으며, 매일 마음의 감옥에서 자유롭지 못한 삶을 산다. 방에 갇혀 있지는 않지만 매일매일이 마음의 감옥과 다르지 않다.

그러므로 불교에는 '번뇌를 깨치지 않고 폐관하지 말라. 깨달음을 얻지 않고 산에 머물지 말라'는 가르침이 있다. 자신이 깨달음을 얻지 못했다면 홀로 깊은 산에 머물러서는 안 되고, 번뇌를 없애지 못 했다면 함부로 폐관해서는 안 된다. 번뇌가 제거되지 않았기에 방 안에 들어 있어도 무턱대고 수행하다가 더 나쁜 길로 들어설 수 있다. 그러기에 참학을 시작하는 불자에게 권하노니 깊은 산에 들어가 은거하는 데 급급해하지 말라. 먼저 수행의 기초를 튼튼히 하고 불법 지식의 근기를 잘 다진 뒤 깨달음을 얻으면 산에 들거나 번뇌를 깨친 후에 폐관하기 바란다. 그때는 폐관을 하든 산에 은거하든 수양이 한층 더 높아질 것이며, 진정한 불법의 정심행처正心行處에 들게 될 것이다.

천강에 비친

시시비비에 너와 나를 다툴 필요 없고,
서로 장단점 논할 필요 없네.
세상사 예로부터 부족함이 많으니,
중생은 무상에서 벗어나길 힘쓰라.

是非不必爭人我 彼此何須論短長
世事由來多缺陷 學道求眞免無常

_ 명명, 감산덕청憨山德淸

시비불필쟁인아是非不必爭人我 피차하수론단장彼此何須論短長
사회에서 시시비비에 휘말렸을 때 지나치게 따지지 않는 것이 남과 잘 어울리며 지내는 처세의 중요한 점이다. 옳고 그름을 처리하는 방법은 옳고 그름을 피하지 않고, 옳고 그름을 말하지 않고, 옳고 그름을 옮기지 말고, 옳고 그름을 두려워하지 않는 것이다. 이렇게 한다면 옳고 그름이라는 시비도 나를 어쩌지 못한다.

사람의 일 또는 업무에서 조금의 이익도 놓치려 않고, 조금의 좋고 나쁨도 따지고 들며, 견해가 조금만 달라도 따지고 들고, 직위가 높은지 낮은지에 연연해하는 사람들이 있다. 늘 이것저것 따지는 안정되지 않은 기분으로 생활하니 자유롭지 못한 것은 당연하다. 사실 세상일이란 원래 완벽하지 않아 부족한 것이 당연한데 어찌 내 맘에 드는 생활을 하며 자유롭게 살 수 있겠는가?

나는 다음 구절을 대중에게 드리고 싶다.

첫째, 네가 옳고 내가 틀리다.
둘째, 네가 있고 내가 없다.
셋째, 너는 즐겁고 나는 괴롭다.
넷째, 너는 좋고 나는 나쁘다.

이 네 구절은 우리 본심과 맞지 않는 듯 보인다. 사람의 마음상태를 자세히 들여다보면 모두 내 것은 다 맞고 네 것은 다 틀리다는 것뿐이다. 내가 즐거워야 하고 네가 괴로운 것은 나와 하등 상관이 없다. 그러므로 서로 더욱 소원해지고 다툼이 생겨난다. 자신은 좋고 나는 나쁘다고 상대방이 말했을 때, 내가 난 나쁘다고 인정해 버리면 그만이다. 상대방이 말도 안 된다고 나를 책망하면, 내가 정말 말도 안 된다고 인정하면 그만이다. 상대방이 이해할 수 없는 사람이라고 나를 욕하면 내가 그걸 인정하면 그만이다. 늘 상대방의 지적을 받아들이고 스스로 반성하며, 타인을 위해 스스로를 버릴 줄 알며, 연연해하지 않고, 장·단점을 논하지 않으면, 우리 몸과 마음이 편안하고 안정되어 얽매임이 없는 생활을 하게 된다.

세사유래다결함 世事由來多缺陷

세상은 본래 부족함이 많다. 우리가 부족함 속에서도 부족함 나름의 아름다움을 누리고 그 아름다움 속에서 부족함을 누린다면 마음과 생각이 유쾌해지니 이 역시 즐거움의 하나이다.

학도구진면 무상 學道求眞免無常

사회의 여러 대중은 무상한 인아人我와 시비를 따지는 데 시간을 허비하지 말고, 도덕·양심·지혜를 길러내는 삶을 살며, 고승대덕의 진리를 실천하기 바란다.

천강에 비친

속세에 물들기 쉬워도 벗어나긴 어려우니,
속세의 번뇌 끊지 않으면 늘 공허하네.
연 줄에 의지함은 헛된 힘만 쓰는 것이며,
깨달음 얻지 못함도 헛되도다.

染塵容易出塵難 不斷塵勞總是閒
情性攀緣空費力 不成道果也徒然

_명명, 감산덕청憨山德淸

염진용이 출진난染塵容易出塵難

사람은 세상의 육진(色, 聲, 香, 味, 觸, 法)의 경계에 물들기 쉽다. 사람들은 매일 재욕, 색욕, 명예욕, 음식욕, 수면욕이라는 오욕五慾과 색, 성, 향, 미, 촉, 법이라는 육진 속에서 뒹굴면서 성욕과 미색을 탐하고, 단맛을 보고, 짙은 향기를 맡고, 갖가지 감각을 느끼며 온갖 넝쿨을 만든다. 육진은 우리의 본성과 본심을 오염시켰으므로 털어버린다거나 세속적인 지식을 초월하기는 어렵다.

부단진로총시한 不斷塵勞總是閒

명리를 털어버리지 못하고 인정을 떠나지 못한다면 영원토록 명리와 인정의 속박을 받는다.

정성반연 공비력 情性攀緣空費力 **불성도과야도연** 不成道果也徒然

많은 사람이 인정과 명리 때문에 부득이 관계를 맺고자 매달리고 뒷돈을 대며 갖가지 청탁을 한다. 또한 인정에 얽매인 세태 속에서 허우적대며 자성을 명확히 알지도 못하고 본래의 참다움을 잃어버리니 어찌 깨달음을 얻은 자아를 성취할 수 있는가?

    남북조시대의 승민선사僧旻禪師가 폐관하려 하자 신도들은 그 사실을 널리 알리고 커다란 법회를 열자고 청했지만 선사는 끝까지 허락하지 않았다. 법회를 연다면 이 사람 저 사람에게 와 달라고 부탁해야 하고 자신은 청소에다 음식까지 만들어 접대해야 하는 등 신경 쓸 일이 한두 가지가 아니었다. 맘 편히 수도에만 힘쓸 수 없는데 폐관이 무슨 의미가 있는가? 그러므로 승민선사는 평생 법회를 하지 않았고 가벼이 인연을 맺지 않았다.

    민국 첫해(1911년) 북경 거리의 환경미화원들은 찌는 듯한 더위와 태양도 아랑곳하지 않고 바람 불어 먼지가 날려도 상관없이 끝이 보이지 않는 대로에 매일매일 바가지로 물을 뿌렸다. 뿌리는 대로 곧 말라버리지만 하루 종일 더 멀리까지 골고루 물을 뿌렸다. 어둠이 내려앉고서야 그들은 빈 통을 들고 천천히 집으로 돌아갔다. 마음속에는 그저 '오늘 할 일을 다 했군'이란 생각뿐이었다. 호적胡適 선생은 이처럼 평범하면서 자신의 직분에 충실한 사람들에 대해 특별히 두려운 마음을 가졌다.

  오늘날의 젊은이들은 먼저 자신을 건강하고 올바로 세워야 한다. 스스로 일어서지 못 해 여기저기 부탁하거나 연줄을 대고자 찾아다녀봐야 소용없는 짓이다. 매사 성과도 만들어낼 수 없음은 물론 다른 사람의 경시와 폄하를 받게 되니 차라리 자신의 본분을 지키고 자아에 충실함이 낫다. 속세의 번뇌 하나 끊으면, 여유로운 마음 하나 지키는 것이다.

천강에 비친

수행은 쉽지만 스승 만나기는 어려우니,
밝은 스승 만나지 못하면 늘 공허하다.
스스로 총명하다 여김은 헛된 힘만 쓰는 것이며,
막연하게 수행함도 헛되도다.

修行容易遇師難 不遇明師總是閒
自作聰明空費力 盲修瞎練也徒然

_명명, 감산덕청憨山德淸

수행용이우사난修行容易遇師難 불우명사총시한不遇明師總是閒
수행은 참 쉽지만 밝은 스승을 만나 지도를 받기란 쉽지 않다. 옛날 어느 고승은 "사람으로 태어나기 어렵고, 부처님 법 듣기 어렵고, 나라에 태어나기 어렵고, 밝은 스승 만나기 어렵다"라고 하였다. 선지식善知識을 얻고자 하지만 아무 데서나 쉽게 찾을 수 있는 것이 아니다. 더구나 선지식은 반드시 다음을 갖추어야 한다.

첫째, 스스로 깨달음을 체득해야 한다.

둘째, 진리에 통달해야 한다.

셋째, 다른 이를 교화하고자 하는 자비심이 있어야 한다.

넷째, 쉽고 재치 있는 설명을 할 줄 알아야 한다.

자작총명공비력 自作聰明空費力

밝은 스승을 만나지 못하는 것도 아쉽지만, 밝은 스승을 만나고도 '스스로 총명하다 여기며 헛된 힘만 쓰는 것'은 더 안타깝다. 자신이 대단하다 여기고 총명하다고 생각하는 사람이 있지만 가르침을 얻을 스승이 없어 총명함이 오히려 과오를 범하게 할 수도 있다. 우리는 '나모 하라다나 다라 야야南無喝囉怛那哆囉夜耶'로 시작하는 '신묘장구대다라니'를 자주 암송한다. '나모 하라다나'의 '나那'의 발음은 '눠nuo'이다. 스승이 가르쳐주지 않는다면 '눠'라고 읽어야 할 글자를 '나'라고 읽을 것이다. 부처님의 제자 가섭존자의 '섭'은 본래 나뭇잎이라는 뜻의 '엽葉'이지만 '섭'이라고 읽어야 한다. 이걸 '엽'이라고 읽는다면 스승의 가르침을 받지 않았다는 것이 된다. 스스로 똑똑하다 여기는 사람은 늘 헛되이 힘을 낭비한다.

맹수할련야도연 盲修瞎練也徒然

사람이 목표가 어딘지를 정확히 알지 못하면 길을 잘못 가기 쉽다. 한 번의 잘못으로 천 리가 잘못되고 한 번의 잘못으로 되돌리기 어렵게 된다. 당신을 바로 잡아줄 길 안내자가 있다면 일은 반으로 줄고 공은 배가 되지 않겠는가? 부처님께서는 『불유교경佛遺敎經』에서 다음과 같이 말씀하셨다.

　나는 좋은 길잡이처럼 좋은 길로 인도할 것이나
　네가 가지 않겠다면 과실은 인도하는 자에게 있지 않다.
　나는 훌륭한 의사처럼 병을 치료하고 약을 처방할 것이나,
　네가 복용하지 않는다면 허물은 의사에게 있는 것이 아니다.

　비록 내가 길을 안내하는 사람이라 할지라도, 당신이 나를 따라오지 않는다면 나 또한 방법이 없다. 나는 당신에게 약을 처방해줄 수 있지만 당신이 먹지 않는다면 있는 병에다 새로운 병까지 겹쳐 고칠 수 없으니 나를 원망하지 말라는 의미이다.
　그러므로 수행하는 사람은 선인의 경험을 배우는 것이 중요하다. 스승의 지도 아래 가르침대로 행해야 하며, 가르침대로 행하지 않고 무턱대고 아무렇게나 수련한다면 쓸데없이 헛고생하는 것이며 위험하기까지 한 일이다.

천강에 비친

슬픔과 기쁨, 이별과 만남의 인생무대 분주하고,
끝없는 부귀 누리고자 날마다 바쁘네.
살아서 공연히 백방으로 마음을 써도,
죽은 뒤 남는 것은 빈손뿐이네.

悲歡離合朝朝鬧 富貴窮通日日忙
生前徒費心千萬 死後空餘手一雙

_명명, 감산덕청憨山德淸

사람은 항상 정진하고 나태하지 말아야 한다. 이상과 목표를 가지고 나라와 사회 그리고 일체 중생을 위해 봉사하며 의미 있는 공헌을 해야 한다. 그렇지 않고 죽음에 이르렀을 때는 뭘 하려고 해도 이미 늦다.

비환이합조조료悲歡離合朝朝鬧
인간이 사는 세상은 연극이 펼쳐지고 있는 무대와 같다. 무대 위에서는 슬픔, 기쁨, 이별, 만남이 반복되고 타인과 지지고 볶고 싸우다가 징과 북소리 멈춰 연극이 끝나면 잠시 내가 어디에 있는지 알지 못한다.

부귀궁통일일망富貴窮通日日忙

인간은 세상에서 삶을 영위하기 위해 밤낮없이 바쁘게 뛰어다니다 결국 죽음에 이른다. 이 세상에 나의 것은 무엇이란 말인가?

생전도비심천만生前徒費心千萬

인간은 따지기 좋아하고 집착하기 좋아하지만, 따지고 집착하는 것이 얼마만한 가치가 있는지 모른다. 자신을 위해 저축하느라 바쁘고, 자손을 위해 저축하느라 바쁘게 뛰어다니는 사람은 많지만 결국 죽으면 텅 비어버리고 만다. 자손에게 도와 덕을 모았다가 물려주는 것이 나은가 황금을 모았다가 물려주는 것이 좋은가? 인간 세상에 뭔가 남기고자 한다면 당신의 사랑하는 마음과 자비심을 남겨라. '덕을 세우고〔立德〕, 말을 세우고〔立言〕, 공을 세운다〔立功〕', 이 세 가지는 절대 썩어 없어지지 않는 것이라 늘 말하지 않던가. 이 세 가지를 통해 인간세상에서의 생명을 계속 이어나가게 하는 것이야말로 지혜로운 선택이다.

사후공여수일쌍死後空餘手一雙

진나라 때의 석숭石崇이란 사람은 나라를 뒤집을 만큼의 재산을 가지고 있었다. 하지만 황제의 노여움을 사 집안이 멸문지화를 당하고 사형을 당하게 되었다. 형을 집행하기 전 누군가 그에게 남길 말은 없는지 물었다. 그러자 석종은 이렇게 대답했다.

"내가 죽은 뒤 손을 관 밖으로 꺼낼 수 있게 내 관에 구멍 두 개를 내주시오. 아무것도 가져가지 못하는 나의 텅 빈 양손을 모두에게 보여주고 싶소. 내가 가진 엄청난 돈과 전답, 부귀영화가 하늘을 가리고도 남을 정도지만, 일단 죽게 되면 나의 것은 아무것도 없다오."

그러므로 이 세상을 살면서 나의 것은 아무것도 없으며, 모두 허상일 뿐이라는 것을 체득한다면 모으는 데 집착하지 않고 연연해하지 않을 것이다. 돈과 재산은 써야 비로소 나의 것이 되며, 쓰지 않으면 모두 남의 것이다.

천강에 비친

염불하기 쉬우나 신심 내긴 어렵고,
마음과 입이 하나 되지 않으면 모두 공허하다.
입으로는 아미타불 염해도 마음이 흩어지면,
목이 터져라 외쳐도 부질없다네.

念佛容易信心難 心口不一總是閒
口念彌陀心散亂 喊破喉嚨也徒然

_ 명명明, 감산덕청憨山德淸

이 게송은 염불 수행하는 사람에게는 일종의 지침이다.

염불용이신심난念佛容易信心難 심구불일 총시한心口不一總是閒
염불이란 단지 입으로만 외우는 것이 아니라 신구의身口意 삼업三業이 서로 호응하는 것이 중요하다. 입으로는 아미타불의 명호를 정확하고 끊임없이 외우고, 몸은 단정하게 합장한 채 절을 하거나 참선을 하며, 마음은 항상 생각해야 한다. 삼업이 서로 호응해야 서로 맞닿을 수 있으며, 염불이 효과가 있다.

'아미타불' 네 글자만 외우는 염불은 무척 간단하다. 세상이 모두 공허하다는 것을 느끼고, 감응感應을 불러일으키고, 결과가 나타나도록 외우는 것은 결코 쉽지 않다. 정토법문淨土法門을 정말 믿는가? 염불로 서방 극락세계에 태어날 수 있다는 것을 정말로 믿는가? 그렇기에 염불은 행하기는 쉬워도 믿기는 어려운 법문이다.

구념미타심산란口念彌陀心散亂 함파후롱야도연喊破喉嚨也徒然
염불하여 감응을 얻고 싶다면 우선 믿음부터 길러야 한다. 정토 극락세계가 허상이 아닌 사실임을 믿어야 하고, 아미타불이 서방세계에 다시 태어나도록 인도하는 것도 허구가 아닌 사실임을 믿어야 한다. 믿음이 진실한 만큼 결과 역시 진실하다. 지금 염불하는 사람 중에는 언행이 일치하지 않는 경우가 있다. 입으로는 아미타불을 외우지만 마음속은 망상으로 가득차고, 몸은 참선과 예불을 드리지만 마음에는 잡념이 마구 피어오른다. 또한 입으로만 대충 따라하는 사람도 있다. 입으로는 외우지만 마음을 다하지 않고 안팎이 하나 되지 못하니 진실한 보답을 얻을 수 없음은 당연하다.

옛날 한 스승의 제자 두 사람이 함께 수행하고 있었다. 사형은 경전 설법에 능했지만 사제는 아미타불을 외우는 것밖에 몰랐다. 몇십 년이 지난 후 사형은 중생을 수도 없이 제도하였지만 사제는 여전히 염불만 하고 있었다. 사형은 그런 사제가 어리석어 보였다. 하지만 사제가 명호를 한 번 외우면 하늘에서 음악소리가 일제히 울리고, 명호를 한 번 외우면 향기가 방 안 가득 퍼지며, 명호를 한 번 외우면 부처님이 대답을 하였다.

그러므로 마음을 흐트러트리지 않아야 부처님과 맞닿을 수 있다. 흐트러진 마음으로 염불하면 '목이 터져라 외쳐도 부질없다〔喊破喉嚨也徒然〕.' 작은 복을 얻는 정도에 그칠 뿐 서방정토에 왕생할 수 없다.

흐트러진 마음으로 염불하여 공연히 표상表相에 떨어지지 않도록 우리는 진실하게 염불해야 한다.

천강에 비친

듣기는 쉬워도 실천하긴 어려워,
스승을 업신여기면 모두 공허하다.
잘난 척하고 우쭐대도 헛힘 쓰는 것이며,
당대 으뜸 총명해도 부질없다네.

聽聞容易實踐難 侮慢師尊總是閒
自大貢高空費力 聰明蓋世也徒然

_명명, 감산덕청憨山德淸

청문용이실천난聽聞容易實踐難

우리가 법문을 듣거나 유명 학자의 강연을 듣는 것은 쉬운 일이지만, 들은 대로 실천하거나 이치에 따라 실천하기는 어렵다. 특히 사람에게는 누구나 한 가지 병폐가 있다. 강연을 들으면서 이해한 듯하나, 환경에 다시 미혹된다는 점이다. 강연을 들을 때는 마치 무엇이든 다 이해하는 듯하지만 실제 생활을 접하면 다시 미혹된다.

모만사존총시한侮慢師尊總是閒

지금의 젊은이들은 스승을 존중하고 도를 중히 여길 줄 모른다. 스승을 업신여기면 모두가 결국 쓸모없다. 특히 불법은 공경함 가운데 구하는 것이다. 당신이 공경심을 10% 가지고 있으면 도도 10% 얻게 되고, 당신이 자비심을 100% 가지고 있다면 도도 100% 얻게 된다. 공경심이 부족하면 도를 행하는 것은 그저 핑계에 지나지 않으니 별 가치가 없다.

자대공고공비력自大貢高空費力 총명개세야도연聰明蓋世也徒然

지금 청년들은 종종 잘난 척하고 우쭐댄다. 진리를 구하고, 도를 구하고, 배움을 구하면서 아만(我慢; 자기를 자랑하고 남을 업신여기는 번뇌)이라는 교만한 마음이 일어나면, 세상을 놀라게 할 정도로 총명하다고 해도 소용없다. 경전에는 도를 구하려면 '물이 담긴 그릇처럼 응당 세 가지 잘못을 범하지 말아야 한다〔如器受於水 應離三種失〕'고 했다. 도를 구하는 사람은 물이 담긴 그릇과 같다. 그릇에 구멍이 생기면 물을 채울 수가 없다. 그릇이 엎어져도 물을 담을 수 없다. 그릇이 더러우면 담긴 물이 변질된다. 이 세 가지 잘못 중 그릇에 구멍이 생긴 것은 진리에 대한 미망을 비유한 것이고, 그릇을 엎는 것은 우쭐대고 잘난 체함을 비유한 것이며, 그릇이 더러운 것은 편견과 집착에 오염되었음을 비유한 것이다. 그러므로 스승을 모시고 도를 배우면서 이 세 가지 잘못을 범하지 않도록 늘 경계해야 한다.

　도를 배움은 또한 '땅에 씨앗을 심으면서도 응당 세 가지 잘못을 범하지 말아야 한다〔種植於地 也要離開三種失〕'고 했다. 땅에 씨를 뿌릴 때 씨앗을 흙 속에 심지 않으면 새가 먹기 쉽고, 가시밭에 뿌리면 제대로 자라기 힘들며, 단단한 자갈밭에 뿌리면 아무것도 자라지 않는다. 우리는 도를 구하고, 배움을 구하면서 다른 이에게 쉽게 좌지우지 되어서는 안 된다. 잘난 체하거나 으스대면서 좋은 도리를 등한시하거나 잡념과 망상이 지나치게 늘어나는 것도 경계해야 한다. 이러한 결점을 피할 수 있다면 그것이 도를 배우는 자의 진정한 태도이며, 지혜와 바른 견해를 가진 깨달은 자라고 할 것이다.

천강에 비친

몸과 마음 모두 내려놓으면 법왕을 만나고,
앞날은 굳이 행장에 물을 바 없다네.
태어나기 전 모습 인식할 수 있다면,
숲의 나무와 풀도 함께 성불할 수 있다네.

拋卻身心見法王 前程不必問行藏
但能識得娘生面 草木叢林盡放光

_ 명명, 감산덕청憨山德清

포각신심견법왕拋卻身心見法王 **전정불필문행장**前程不必問行藏
우주의 진리를 보고, 자신의 참모습과 앞날을 인식하고자 하면 몸과 마음 모두 털어버리고 일신의 영욕과 득실에 연연해하지 말며, 모든 것을 털어버리면 진심의 법왕이 드러날 것이다. 자신의 앞날이 어떠한지, 부귀로울지 빈궁할지, 영화로울지 고통스러울지 굳이 행장에 물을 필요가 없다. 불교 경전에 '전생을 알고 싶으면 지금 내가 받는 것을 보고, 후생을 알고 싶으면 지금 내가 행하는 것을 보면 된다'

는 말이 있다. 인과의 도리를 분명하게 보여주었으므로 행장이나 인과에 다시 물어볼 필요가 없다. 자신의 행동과 됨됨이를 살펴보기만 해도 좋고 나쁜 명운을 알 수 있다.

점을 치는 데 푹 빠져 자신의 미래가 어떤지 미리 알고 싶어 하는 사람들이 있다. 자신이 공덕을 쌓지 않고 인연을 갈고 닦지도 않으면서, 망령되이 밖에서만 찾으려고 한들 무슨 소용이 있는가? 다른 사람이 내 대신 점을 쳐주길 바랄 필요 없이 우리 마음속으로 이미 다 알 수 있다.

옛날 세수가 이미 다한 한 사미승이 있었다. 신기한 재주를 가졌던 스승은 그가 살날이 얼마 남지 않음을 알고 마지막으로 어머니 얼굴이라도 보라며 집으로 돌려보냈다. 사미는 집으로 돌아가던 길에 물길에 갇혀 위험한 개미떼를 보고 자비심이 일어 나뭇잎 하나를 따 물 위에 놓아주어 개미들이 무사히 위험을 벗어나도록 했다. 다시 사찰로 돌아온 그를 보고 스승은 인과가 변하여 세수가 연장되었음을 알았다.

단능식득낭생면但能識得娘生面 초목총림진방광草木叢林盡放光
자신의 본 모습을 알고 태어나기 전의 모습을 인식하기만 하면 자신의 좋고 나쁜 점을 알 수 있으며, 항상 선을 추구하면 '숲의 나무와 풀도 함께 성불할 수 있다.'

어떤 사람은 나무와 풀, 꽃도 성불할 수 있느냐고 묻는다. 물론 성불할 수 있다. 사람도 성불할 수 있고, 나무와 풀, 꽃도 성불할 수 있다. 우리의 마음이 정직하고 자비롭기만 하면 세상 역시 정직하고 자비롭다. 구름이 지나며 단비를 뿌리고, 바람이 불어 물결을 일으키는 것처럼, 자비로 가득한 세상에는 선인善人도 많다.

천강에 비친

달빛과 소나무 소리를 늘 보고 들으면서,
선심과 망상, 성인과 범부를 구분하네.
한 생각도 나지 않는 곳으로 돌아가야 하니,
이 뜻을 어찌 그대에게 설명할까?

月色松聲總見聞 禪心妄想聖凡分
消歸一念無生處 此意如何把似君

_명명, 감산덕청憨山德清

이것은 납자가 깨달음을 득한 심경을 읊은 선시로 일반 사람은 체득하기 쉽지 않다.

월색송성 총견문月色松聲總見聞
휘영청 밝은 달과 바람에 흔들리는 산중 소나무 소리가 서로 어울리니 이 얼마나 아름다운 풍경인가! 범부는 밝은 달을 보고 그저 밝은 달이라고만 생각하고, 송백나무 소리를 듣고 소나무 소리일 뿐이라고 생각한다. 하지만 납자禪者는 달만을 보거나 소나무 소리만 듣는 것이 아니라, 하늘과 땅이 열린 이래의 진리를 보고 듣는다. 당신이라면 그가 체득한 세계와 세상이 서로 어긋난다고 말할 수 있는가? 아니다. 그가 본 달빛은 표면적으로 드러나는 모습의 달빛이 아니라 진정한 달빛이다. 그가 들은 소나무 소리는 귓가를 스치고 지나가는 소리가 아닌 대자연의 진정한 음성이다.

선심망상성범 분禪心妄想聖凡分

그런데 보통사람은 '선심과 망상, 성인과 범부를 구분한다.' 선심은 선심이고, 망상은 망상이며, 성인은 성인이고, 범부는 범부라며, 여전히 분별을 한다.

    불교에서는 세상을 십법계로 구분한다. 부처, 보살, 성문, 연각을 사성四聖이라 하며, 천상, 인간, 아수라, 축생, 아귀, 지옥을 육범六凡이라 한다. 이 사성과 육범을 합하여 십법계라 한다. 우리는 하루에도 수차례 이 십법계에서 왔다 갔다 한다. 예를 들어 우리 마음이 자비롭고 청정하면 천계에 머무는 것이고, 탐진치의 일념이 피어오르면 지옥계와 축생계에 머무는 것이다. 하루 중에도 우리 감정은 때론 자비로웠다가 때론 탐욕과 성냄에 빠져들며, 천상과 인간세상을 수없이 오고 가지 않던가?

소귀일념무생처消歸一念無生處

비록 십법계가 갖춰져 있지만,『금강경』에서 말한 '응당 머무는 바

없이 마음을 내야 한다(應無所住而生其心)'는 것처럼 멋대로 망상하거나 분별하지 않는 것이 중요하다. 그렇지 않으면 마음에 머무는 바가 생기고, 근심이 생겨 평안할 수가 없다.

차의여하파사군此意如何把似君

머무는 바가 없어야 비로소 편안히 머물 수 있다는 이 깊은 뜻을 어떻게 말해야 할까? 사람이 물을 마시고서야 따뜻한지 차가운지를 알듯, 모든 것은 마음을 다해 스스로 체득해야 한다. 선의 경계는 삶과 죽음의 경계이니 자신이 직접 실제로 수행하여 체득해야 한다.

천강에 비친

열심히 밭 갈고 화전을 일굼이 좋은 방편이니,
가을 되면 집집마다 늦벼가 향기롭네.
내려놓지 못하면 짊어지고 가면 될 것을,
어찌 복전에 봄이 오길 기다리리오.

力耕火種是良方 秋到家家晚稻香
放不下時擔取去 何如福田待來春

_명명, 감산덕청憨山德清

평상시 모든 일은 미리 준비해야 한다. 인연이 있어야 결과도 생긴다. 논밭을 경작하는 농부는 먼저 씨를 뿌려야 수확을 할 수 있다. 사람이 처세에서도 먼저 널리 선연善緣을 맺어야 한다. 인연도 맺지 않고 그들이 당신에게 잘 대해 줄 것을 기대하는 것은 불가능하다. 세상에는 인연이 없는데도 성사되는 일은 없다. 무릇 모든 일은 인연이 모여 이루어지고, 인연이 흩어지면 사라지고 만다.

역경화종시랑방力耕火種是良方 추도가가만도향秋到家家晚稻香

그러므로 인연과 그 보답 가운데 '열심히 밭 갈고 화전을 일굼이 좋은 방편이니, 가을 되면 집집마다 늦벼가 향기롭다'고 한다. 봄에 논을 경작해야 가을에 수확을 거둘 수 있다. 봄에 씨를 뿌림은 인因이요, 가을이 되어 집집마다 수확을 하는 것은 과果이다.

방불하시담취거放不下時擔取去

수양이 부족한 사람은 적극 추진하지도, 그렇다고 포기하지도 못하는 일이 많다. 예를 들어 좋아하는 사람이 있지만 사랑에 묶여 떨쳐버리지 못하고, 보수가 적고 쓸 돈이 부족해도 포기하지 못하고, 응당 누려야 할 명예와 권세를 얻지 못했으니 포기하지 못하고, 가정과 자식이 걸려 포기하지 못하고, 고향 친지와 친구가 그립지만 포기하지 못하고, 이유 없이 비평과 지적을 당해도 포기하지 못하고, 마음속으로는 화가 부글부글 끓어도 포기하지 못한다. 세상에는 포기 못하는 일이 참 많다. 우리는 어떻게 하면 포기할 수 있는지 배워야 하고, 나아가 포기하는 것뿐만 아니라 적극 추진할 수도 있어야 한다.

 인정과 세상일은 가방처럼 필요할 때는 들고, 필요치 않을 때는 내려놓을 수 있어야 한다. 내려놓지 못하고 매일 가방을 손에 들고 다닌다면 거추장스럽지 않겠는가? 또 들 수 없다면 매일 그것에 얽매여 고민만 할 테니 고생스럽지 않겠는가? 그러므로 내려놓을 때는 내려놓고, 들 때는 들어야 한다.

하여 복전 대래 춘 何如福田待來春

세상에 살면서 인간은 반드시 복전을 널리 가꾸고 선연을 널리 맺어야 한다. 경전에서 말하는 여덟 가지 복전은 부처님, 성인, 스님, 화상, 아사리, 아버지, 어머니, 병든 사람을 공경하는 것이다. 여덟 가지 복전 중 병자를 돌보는 것이 제일 복전이다. 우리는 병든 사람을 더 많이 위로하고, 대신 치료해주고, 건강하게 회복할 수 있도록 도와주어야 한다. 현재 사회에서 제창하고 있는 장기기증운동은 바로 우리의 소용없는 장기를 급히 필요한 병자들에게 기증하는 것이다. 당신의 자비로 생명이 연장되고, 당신의 희사喜捨로 고통 받는 사람에게 봄을 가져다준다면 가치가 있을 뿐만 아니라 제일 복전인 셈이다.

천 강 에 비 친

설매화는 눈 맞으며 꽃잎을 피우고,
천천히 날리는 천화 강단에 내리네.
천상 향적국의 맛난 음식,
내 발우 가득 담아오게 하려네.

寒梅帶雪嶺頭開 冉冉天花落講台
好遣上方香積國 爲予一鉢盡擎來

_명명, 감산덕청憨山德淸

한매대설령두개寒梅帶雪嶺頭開 염염천화락강태冉冉天花落講台
한겨울 매화는 비바람과 찬 서리를 이겨내야만 향기를 만방에 떨칠 수 있다. 부처님의 십대 제자 중 해공제일解空第一인 수보리는 공空 사상을 체득하였으므로 참선을 할 때면 천인天人이 그를 위해 꽃을 뿌렸다고 한다. 유마維摩거사 역시 수행하여 진리에 들어갈 수 있었으므로 천녀가 그에게 꽃을 뿌렸다고 한다. 우리가 수보리나 유마거사와 같은 경지까지 수행을 한다면 어느 날 자연 '하늘에서 꽃잎이 천천히 강단에 떨어질' 것이다.

　삼국시대 제갈공명은 웅대한 병법과 모략을 지니고도 운둔하고 있었지만, 유비의 삼고초려로 한 씨 일족을 도와 삼국을 정립하였다. 당나라 때 도신선사道信禪師의 깨달음이 사방에 소문이 자자하자 당 태종이 세 번 조서를 내렸으나 질병을 핑계로 거절하였다. 오대십국 시기 항초恒超 스님은 20여 년 동안 경전을 강의하면서 황제가 하사한 자의(紫衣; 고승이 입는 자색 승려복)을 극구 사양하며 "경전을 전수하다 죽을지언정, 명리에 물든 채 살지 않겠다"라는 말을 남겼다.

　우리가 시련과 고통을 이겨낼 수 있다면 매사 무위함을 걱정하지 않아도 되며, 오로지 자신을 바로 세우지 못함을 두려워해야 한다. 좋아해주는 사람이 없음을 두려워 말고, 명예와 지위가 없음을 두려워 말고, 기회가 없음을 두려워 말라. 두려운 것은 타인이 날 필요로 할 때 내가 준비되었는가, 그리고 감당할 능력이 있는가?이다.

호견상방향적 국好遣上方香積國 **위여일발진경래**爲予一鉢盡擎來

수행하면서 얻는 바가 있기만 하면 도움 주는 인연이 없음을 두려워 말고, 내 몸 밖의 물건이 나의 것인지 아닌지 신경 쓸 필요도 없다. 법력만 있으면 일체가 모두 현성(現成; 현재 이루어져 있거나 또는 지금 있는 그대로임을 이르는 말)하며 향적국의 음식도 우리에게 맛보게 할 수 있다.

　수도자는 도道를 근심해야지 가난함을 근심하지 말아야 한다. 법력이 없음을 두려워할 뿐 가난과 고난을 두려워 말라. 시절과 인연이 도래하기만 하면 물이 모여 도랑을 이루듯 매사 자연스럽게 이루어진다. 사찰이 필요하면 들어가서 깨달음을 향해 정진하라. 사찰이 현성할 것이다. 인연이 필요하면 보살행을 실천하라. 인연이 현성할 것이다. 삼천의 사바세계와 팔천의 정토는 당신이 어떻게 받아들이는지에 달려 있다.

게송 찾아보기

122	擧世應無百歲人	百年終作塚中塵	余今八十有三歲	自作詩歌送此身
194	溪聲盡是廣長舌	山色無非淸淨身	夜來八萬四千偈	他日如何擧似人
243	孤峰千仞立江心	八面洪濤愁殺人	奈是根深自堅固	幾回經古又逢今
264	滾滾紅塵古路長	不知何事走他鄕	回頭日望家山遠	滿目空雲帶夕陽
56	空門寂寂汝思家	禮別雲房下九華	愛向竹欄騎竹馬	懶於金地聚金沙
	添甁澗底休撈月	烹茗甌中罷弄花	好去不須頻下淚	老僧相伴有煙霞
40	光明寂照遍河沙	凡聖含靈共我家	一念不生全體現	六根才動雲遮天
128	幾年塵戰歷沙場	汗馬功高孰可量	四海狼煙今已熄	踏花歸去馬蹄香
50	來時無跡去無蹤	去與來時事一同	何須更問浮生事	只此浮生是夢中
306	力耕火種是良方	秋到家家晩稻香	放不下時擔取去	何如福田待來春
28	練得身形似鶴形	千株松下兩函經	我來問道無餘說	雲在靑天水在甁
276	老病死生誰替得	酸甛苦辣自承擔	一劑養神平胃散	兩重和氣瀉肝腸
182	莫說他人短與長	說來說去自招殃	若能閉口深藏舌	便是修行第一方
158	萬機休罷付痴憨	蹤跡時容野鹿參	不脫麻衣拳作枕	幾生夢在綠蘿菴
191	萬事無如退步高	放敎痴鈍卻安然	漆因有用遭人割	膏爲能明徹夜熬
185	萬事無如退步人	孤雲野鶴自由身	松風十里時來往	笑揖峰頭月一輪
179	萬事無如退步休	本來無證亦無修	明窓高掛菩提月	淨蓮深栽濁世中

134	萬丈洪崖倚碧空	人間有路不能通	奈何一點雲無礙	舒卷縱橫疾似風
137	明日曾將今日期	出門倚杖又思惟	爲僧祇合居岩谷	國士筵中甚不宜
101	木食草衣心似月	一生無念復無涯	時人若問居何處	綠水青山是我家
164	門前自有千江月	室內卻無一點塵	貝葉若圖遮得眼	須知淨地亦迷人
125	半畝方塘一鑑開	天光雲影共徘徊	問渠哪能清如許	爲有源頭活水來
222	返本還源便到家	亦無玄妙可稱誇	湛然一片真如性	迷失皆因一念差
170	撥草占風辨正邪	先須拈卻眼中沙	攀頭若味天皇餅	虛心難喫趙州茶
176	本來無物使人疑	卻爲參禪買得痴	聞道無情能說法	面牆終日妄尋思
25	不結良緣與善緣	苦貪名利日憂煎	豈知住世金銀寶	借汝閒看幾十年
65	不求名利不求榮	只麼隨緣度此生	一個幻軀能幾時	爲他閒事長無明
95	粉壁朱門事甚繁	高牆大戶內如山	莫言山林無休士	人若無心處處閒
13	佛身充滿於法界	普現一切群生前	隨緣赴感靡不周	而常處此菩提座
19	佛在世時我沉淪	佛滅度后我出生	懺悔此身多業障	不見如來金色身
291	悲歡離合朝朝鬧	富貴窮通日日忙	生前徒費心千萬	死後空餘手一雙
59	四大由來造化功	有聲全貴裡頭空	莫嫌不與凡夫說	只爲宮商調不同
261	麝因香重身先死	蠶因絲多命早亡	世界從來多缺陷	幻軀哪得免無常
107	山前一片閒田地	叉手叮嚀問祖翁	幾度賣來還自買	爲憐松竹引清風
62	三生石上舊精魂	賞月吟風莫要論	慚愧情人遠相訪	此身雖異性常存
53	生天本自生天業	未必求仙便得仙	鶴背傾危龍背滑	君王自古無百年
155	昔日趙州少謙光	不出山門迎趙王	怎知金山無量相	大千世界一禪床
267	少小離鄉不記家	回思往事總堪嗟	故人猶想兒時面	枯木難開舊日花
74	手把青秧插滿田	低頭便見水中天	六根清淨方爲道	退步原來是向前
288	修行容易遇師難	不遇明師總是閒	自作聰明空費力	盲修瞎練也徒然

131	手攜刀尺走諸方	線去鍼來日日忙	量盡別人長與短	自家長短幾時量
113	蠅愛尋光紙上鑽	不能透處幾多難	忽然撞著來時路	始覺平生被眼瞞
282	是非不必爭人我	彼此何須論短長	世事由來多缺陷	學道求眞免無常
71	心如大海無邊際	廣植淨蓮養身心	自有一雙無事手	爲作世間慈悲人
77	若逢知己宜依分	縱遇冤家也共和	寬卻肚皮須忍辱	豁開心地任從他
46	憶著當年未悟時	一聲號角一聲悲	如今枕上無閒夢	大小梅花一樣香
231	念佛無非念自心	自心是佛莫他尋	眼前林樹並池沼	晝夜還能演法音
294	念佛容易信心難	心口不一總是閒	口念彌陀心散亂	喊破喉嚨也徒然
285	染塵容易出塵難	不斷塵勞總是閒	情性攀緣空費力	不成道果也徒然
110	月白風清涼夜何	靜中思動意差訛	雲山巢頂蘆穿膝	鐵杵成針石上磨
303	月色松聲總見聞	禪心妄想聖凡分	消歸一念無生處	此意如何把似君
240	由來直道世難行	枉道求容我不能	萬里滔滔大江水	縱教百折也東傾
167	流水下山非有意	片雲歸洞本無心	人生若得如雲水	鐵樹開花遍界春
34	已落雙鵰血尚新	鳴鞭走馬又翻身	憑君莫射南來雁	恐有家書寄遠人
200	人皆養子望總明	我被聰明誤一生	唯願孩兒愚且魯	無災無難到公卿
202	人生到處知何似	恰似飛鴻踏雪泥	泥上偶然留指爪	鴻飛哪復計東西
16	人身難得今已得	佛法難聞今已聞	此身不向今生度	更待何生度此身
234	人人自己天眞佛	晝夜六時常放光	剔起眉毛觀自得	何勞特地禮西方
258	人從巧詐伶俐	天自從容定主張	諂曲貪瞋墮地獄	公平正直即天堂
140	一年春盡一年春	野草山花幾度新	天曉不因鐘鼓動	月明非爲夜行人
205	一樹春風有兩般	南枝向暖北枝寒	現成一段西來意	一片西飛一片東
188	一條官路坦然平	無限遊人取次行	莫謂地平無險處	須知平地有深坑
86	一住寒山萬事休	更無雜念掛心頭	閒書石壁題詩句	任運還同不繫舟

68	一池荷葉衣無盡	數樹松花食有餘	剛被世人知住處	又移茅屋入深居
228	一寸光陰一寸金	勸君念佛早回心	直饒鳳閣龍樓貴	難免雞皮鶴髮侵
152	一兔橫身當古路	蒼鷹才見便生擒	後來獵犬無靈性	空向枯椿舊處尋
92	朝看花開滿樹紅	暮看花落樹還空	若將花比人間事	花與人間事一同
161	趙州八十猶行腳	只為心頭未悄然	及至歸來無一事	始知空費草鞋錢
249	從來硬弩弦先斷	每見鋼刀口易傷	惹禍只因開口舌	招愆多為狠心腸
31	從來共住不知名	任運相將只麼行	自古上賢猶不識	造次凡流豈可明
173	終日看山不厭山	買山終待老山間	山花落盡山常在	山水空流山自閑
37	終日尋春不見春	芒鞋踏破嶺頭雲	歸來偶把梅花嗅	春在枝頭已十分
208	從征萬里走風沙	南北東西總是家	落得胸中空索索	凝然心是白蓮花
119	粥罷教令洗鉢盂	豁然心地自相符	而今餐飽叢林客	且道其間有悟無
83	只個心心心是佛	十方世界最靈物	縱橫妙用萬境生	一切不如心真實
211	紙上傳來說得親	翻腔易調轉尖新	世人愛聽人言語	言語從來賺殺人
237	塵網依依三十春	昨非今是不須論	息交豈獨忘知己	為愛吾廬夏木陰
89	千年石上古人蹤	萬丈岩前一點空	明月照時常皎潔	不勞尋討問東西
217	千百年來碗裡羹	怨聲如海恨難平	欲知世上刀兵劫	但聽屠門夜半聲
220	天為羅帳地為氈	日月星辰伴我眠	夜間不敢長伸足	恐怕踏破海底天
214	千錘百鍊出深山	烈火焚燒莫等閒	粉身碎骨都無怨	留得清白在人間
297	聽聞容易實踐難	侮慢師尊總是閒	自大貢高空費力	聰明蓋世也徒然
80	趨利求名空自忙	利名二字陷人坑	急須返照娘生面	一片靈心是覺皇
116	春有百花秋有月	夏有涼風冬有雪	若無閒事掛心頭	便是人間好時節
255	春日才看楊柳綠	秋風又見菊花黃	榮華總是三更夢	富貴還同九月霜
146	醉眠醒臥不歸家	一身流落在天涯	祖佛位中留不住	夜來依舊宿蘆花

43	特入空門問苦空	敢將禪事問禪翁	爲當夢是浮生事	爲復浮生是夢中
279	閉關容易守關難	不肯修行總是閒	身在關中心在外	千年不出也徒然
300	拋卻身心見法王	前程不必問行藏	但能識得娘生面	草木叢林盡放光
143	披毛戴角世間來	優鉢羅花火裡開	煩惱海中爲雨露	無明山上作雲雷
98	學道先須且學貧	學貧貧後道方親	一朝體得成貧道	道用還如貧底人
273	學道容易悟道難	不下功夫總是閒	能信不行空費力	空談論說也徒然
104	學道猶如守禁城	書防六賊夜惺惺	將軍主帥能行令	不用干戈定太平
225	閒到心閒始是閒	心閒方可話居山	山中膡有閒生活	心不閒時居更難
309	寒梅帶雪嶺頭開	冉冉天花落講台	好遣上方香積國	爲予一鉢盡擎來
22	向前三步想一想	退后三步思一思	嗔心起時要思量	熄下怒火最吉祥
246	紅塵白浪兩茫茫	忍辱柔和是妙方	到處隨緣延歲月	終身安分度時光
149	喚處分明應處親	不知誰是負恩人	東家漏泄西家事	卻使旁人笑轉新
197	橫看成嶺側成峰	遠近高低各不同	不識廬山眞面目	只緣身在此山中
252	休得爭強來奮鬥	百千渾是戲文場	頃刻一聲鑼鼓歇	不知何處是家鄉
270	休將自己心田昧	莫把他人過失揚	謹慎應酬無懊惱	耐煩做事好商量

옮긴이의 말

작년에 이어 두 번째로 성운대사의 저서를 번역하게 되었습니다. 첫 번째 번역서와는 확연히 다른 분야의 저서를 번역하게 되어 다소 부담이 되었지만, 새로운 분야에 대한 호기심과 용기를 내보았습니다.

선시는 게송이라고도 하며, 덕이 높은 선사와 선인들이 불교의 깨달음을 시로 표현해 놓은 것입니다. 지금은 불교인뿐만 아니라 일반 대중들도 선시에 대한 관심이 점차 높아지고 있습니다. 그런데 단 몇 줄에 불과한 말이지만, 그 안에 담긴 의미를 몇 마디 말로 풀어낼 수 없습니다. 선시는 선사의 평소 일상이 고스란히 녹아 있기도 하고, 선인의 구도 정신이 담겨 있기도 하며, 부처님의 가르침을 오롯이 품고 있기도 하기 때문입니다.

'시詩' 하면 현대인들은 우선 어렵다는 느낌부터 갖습니다. 현대시라면 어느 정도 뜻이 이해가 가니 편하게 읽을 수 있다고 생각하지만, 고시古詩라고 하면 어렵다는 생각에 골치부터 아파 오기 쉽지요. 서점에 가도 고시古詩 책에는 선뜻 손이 가지 않습니다. 어려운 한문만 잔뜩 들어 있을 것 같은 느낌이 먼저 듭니다. 그래서 고시는 나이 지긋한 어르신들만의 전유물이라 여기기 쉽습니다. 하지만 고시도 현대시처럼 우리가 쉽게 알아들을 수 있는 쉬운 말들로 풀이를 해놓았다면 과연 어떻게 될까요? 한번 읽어볼까 하는 마음이 들지 않을까요?

그런 의미에서 현대인들이 어렵게 여기지 않도록 성운대사께서 불교적인 해석을 곁들여 선시를 쉽게 풀어놓은 책이 『천강에 비친 달』입니다. 게송만 보아서는 잘 알 수 없을지 몰라도, 풀이된 내용으로 그 의미는 물론이고 시를 지을 당시 작자의 마음까지도 환히 들여다볼 수 있을 것입니다.

부족한 제가 오묘한 뜻이 담긴 선사와 선인들의 선시를 얼마나 정확히 풀어냈을지 걱정이 앞서지만, 성운대사께서 대중에게 전하고자 하는 근본 뜻은 충분히 전달될 수 있으리라 봅니다.

끝으로 이 책이 나오기까지 도와주신 분들에게 깊은 감사의 말씀을 드리고 싶습니다. 저를 믿고 번역을 맡겨주신 서울 불광산사의 의은 스님과 교정을 보시며 부족한 저의 불교지식을 많이 일깨워주셨던 경완 스님, 원문의 세세한 부분까지 지적해주며 더 자세하게 글을 옮길 수 있도록 도와준 소열령 군, 그리고 함께 일하는 번역사들까지, 모두의 땀과 노력이 모여 선현의 말씀이 세상에 퍼질 수 있게 되었습니다. 작은 결실을 맺을 수 있도록 도와주신 분들께 다시 한 번 감사드립니다.

여러분 모두에게 부처님의 가피가 항상 함께하기를 기원합니다.

조은자

지은이 ● 성운대사星雲大師

1927년 중국 강소성 강도江都에서 태어나 12세에 지개志開 큰스님을 스승으로 모시고 출가하였다. 1947년 초산불학원焦山佛學院을 졸업하고, 백탑白塔초등학교 교장, 남경 화장사華藏寺 주지 등을 역임하였다.
1949년에 대만으로 건너간 이후로 '대만불교강습회' 교무주임과 의란宜蘭 염불회의 지도 법사 등을 역임하였다. 1967년에는 고웅高雄에 불광산佛光山을 창건하여 불교와 세상을 아우르는 '인간불교' 사상을 추진해 옴으로써 현대화된 불교의 새로운 이정표를 세웠다. 출가 후 70여 년 동안 불광산을 중심으로 하여 세계 각지에 200여 개의 도량을 세웠으며, 수많은 강원과 도서관, 대학, 병원, 사회사업기구 등을 설립하였다. 세계 각지로부터 출가한 제자가 천여 명, 전 세계에 분포하고 있는 국제불광협회의 신도수가 수백만 명에 이른다. 성운대사는 불교의 제도화, 현대화, 인간화, 국제화 등에 지대한 공을 세웠으며, 여든이 넘은 노구에도 인간불교의 이상을 현실화하기 위하여 동분서주하고 있다.

옮긴이 ● 조은자

대학에서 중어중문학을 전공하고 현재 전문번역가로 활동하고 있다. 2010년에는 성운대사의 『합장하는 인생』을 우리말로 옮겼다.

천강에 비친 달

초판 1쇄 인쇄 2011년 8월 11일 | 초판 1쇄 발행 2011년 8월 18일
지은이 성운대사 | 옮긴이 조은자 | 펴낸이 김시열
펴낸곳 운주사 (136-036) 서울 성북구 동소문동 4가 270번지 성심빌딩 3층
전화 (02) 926-8361 | 팩스 0505-115-8361

ISBN 978-89-5746-283-6 03220 값 13,000원
http://cafe.daum.net/unjubooks (다음카페: 도서출판 운주사)